Das Erste Spanische Lesebuch für Anfänger
Band 2

Elisabeth May

Das Erste Spanische Lesebuch für Anfänger
Band 2
Stufe A2
Zweisprachig mit Spanisch-deutscher Übersetzung

Das Erste Spanische Lesebuch für Anfänger
Band 2
von Elisabeth May

Audiodateien: www.lppbooks.com/Spanish/FirstSpanishReader_v2_audio/
Homepage: www.audiolego.com

Umschlaggestaltung: Audiolego Design
Umschlagfoto: Canstockphoto

2. Ausgabe
Copyright © 2013 2017 Language Practice Publishing
Copyright © 2017 Audiolego
Alle Rechte vorbehalten. Das Werk ist urheberrechtlich geschützt.

Tabla de contenidos
Inhaltsverzeichnis

Kapitel 1 Der kranke Kater 8

Kapitel 2 Der Hamster rettete sich selbst 11

Kapitel 3 Ein Retter 15

Kapitel 4 Ein Kindermädchen mit Schweif 18

Kapitel 5 Ein sprechender Kater 20

Kapitel 6 Schläfriger Gast 23

Kapitel 7 Der Hund ist nicht schuld 25

Kapitel 8 Die Koffer 28

Kapitel 9 Professor Leonidas 31

Kapitel 10 Beim Zahnarzt 34

Kapitel 11 Gerechtigkeit siegt! 37

Kapitel 12 Wo ist das Meer? 40

Kapitel 13 Ein kleiner Job 43

Capitulo 14 ¡Deténgalo! 46

Capitulo 15 Un maravilloso regalo 49

Capitulo 16 Confesiones en un sobre 52

Capitulo 17 Una especialidad de la casa 56

Capitulo 18 Tulipanes y manzanas 59

Capitulo 19 Tarta 62

Capitulo 20 Cena exótica 65

Capitulo 21 Arte supremo 68

Capitulo 22 Limpieza primaveral 72

Capitulo 23 Taxi beige 75

Capitulo 24 Árbol de Navidad 79

Capitulo 25 Gran incendio 82

Capitulo 26 ¡Cuidado con el perro enfadado! 85

Capitulo 27 El error de Mars 88

Capitulo 28 Colándose en la cola 91

Capitulo 29 Asiento número trece 94

Capitulo 30 Tareas 97

Wörterbuch Spanisch-Deutsch 99

Wörterbuch Deutsch-Spanisch 114

Buchtipps 130

So steuern Sie die Geschwindigkeit der Audiodateien

Das Buch ist mit den Audiodateien ausgestattet. Die Adresse der Homepage des Buches, wo Audiodateien zum Anhören und Herunterladen verfügbar sind, ist am Anfang des Buches auf der bibliographischen Beschreibung vor dem Copyright-Hinweis aufgeführt.

Wir empfehlen Ihnen, den kostenlosen VLC-Mediaplayer zu verwenden, die Software, die zur Steuerung der Wiedergabegeschwindigkeit aller Audioformate verwendet werden kann. Die Steuerung der Geschwindigkeit ist auch einfach und erfordert nur wenige Klicks oder Tastatureingaben.

Android: Nach der Installation vom VLC Media Player klicken Sie auf die Audiodatei am Anfang eines Kapitels oder auf der Homepage des Buches, wenn Sie ein Papierbuch lesen. Wählen Sie "Open with VLC". Wenn Sie Schwierigkeiten beim Öffnen von Audiodateien mit VLC haben, ändern Sie die Standard-App für den Musik-Player. Gehen Sie zu Einstellungen→Apps, wählen Sie VLC und klicken Sie auf "Open by default" oder "Set default".

Kindle Fire: Nach der Installation vom VLC Media Player klicken Sie auf eine Audiodatei am Anfang eines Kapitels oder auf der Homepage des Buches, wenn Sie ein Papierbuch lesen. Wählen Sie "Complete action using →VLC".

iOS: Nach der Installation vom VLC Media Player kopieren Sie den Link zu der Audiodatei am Anfang eines Kapitels oder auf der Homepage des Buches, wenn Sie ein Papierbuch lesen, und fügen Sie ihn in den Download-Bereich des VLC Media Players ein. Nachdem der Download abgeschlossen ist, gehen Sie zu "Alle Dateien" und starten Sie die Audiodatei.

Windows: Starten Sie den VLC Media Player und klicken Sie auf die Audiodatei am Anfang eines Kapitels oder auf der Homepage des Buches, wenn Sie ein Papierbuch lesen. Gehen Sie nun in die Wiedergabe (Playback) und navigieren Sie die Geschwindigkeit.

MacOS: Starten Sie den VLC Media Player und klicken Sie auf die Audiodatei am Anfang eines Kapitels oder auf der Homepage des Buches, wenn Sie ein Papierbuch lesen. Nun, navigieren Sie zum Playback und öffnen die Optionen von Geschwindigkeit. Navigieren Sie die Geschwindigkeit.

1

El gato enfermo
Der kranke Kater

A

Palabras
Vokabeln

1. a veces - manchmal
2. acordarse - sich erinnern
3. ahora - jetzt
4. allí - dort
5. apenas - nur
6. aquí - hier
7. así que - sodass
8. bien - gut
9. casa - Haus
10. claro - klar
11. cocina - Küche
12. come - (er, sie, es) isst
13. completamente - komplett
14. compra - (er, sie, es) kauft
15. con - mit
16. contento - glücklich
17. correr - rennen
18. cuándo - wann
19. de - von
20. de cerca - von nahem
21. debería - sollte
22. dejaría - würde lassen
23. delante - vor
24. día - Tag
25. dice - (er, sie, es) sagt
26. diciendo - sagend
27. disgustado - verstimmt; wütend
28. dormir - schlafen

29. dos - zwei
30. él - er
31. el - der
32. ellos - sie, ihnen
33. en - in auf, bei, zu
34. enfermo - krank
35. entonces - dann
36. era - war
37. es - ist
38. estoy - ich bin
39. extraño - seltsam
40. feliz - fröhlich, glücklich
41. fuera - heraus, außen, draußen, auswärts
42. gato - Kater
43. grande - groß
44. hoy - heute
45. interesante - interessant
46. iré - ich werde gehen
47. jaula - Käfig
48. jugar - spielen
49. juguetes - Spielzeuge
50. justamente - gleich, gerade
51. levanta - aufheben, aufstehen
52. marcharse - weggehen
53. más tarde - später
54. mascota - Haustier
55. mayoría - Mehrheit
56. mirada - Blick
57. mirando - beobachtend, blickend
58. mover - bewegen
59. mucho - viel
60. muy - sehr
61. necesario - vorgeschrieben (hier), nötig, notwendig
62. no - kein, nicht, nein
63. no es - ist nicht
64. noche - Abend
65. observar - sehen, schauen, beobachten
66. ocurrió - passierte
67. ooh - oh
68. otra vez - noch einmal
69. otro - anderen
70. para - nach, zu
71. pequeño - klein
72. pero - aber
73. por qué - warum
74. preocuparse - sich sorgen
75. propia - eigener
76. propietario - Besitzer
77. qué - was
78. que - dass
79. quitar - wegnehmen, entfernen
80. quizás - vielleicht
81. ratas - Ratten
82. ratón - Maus
83. respirando - atmend
84. respuestas - Antworten
85. sano - gesund
86. se levanta - er/sie steht auf
87. se queda tumbado - er/sie bleibt liegen
88. semana - Woche
89. sin - ohne
90. sitio - Ort
91. solamente - nur, gerade
92. solo - nur
93. son - sind
94. sorprendido - überrascht
95. su - sein, ihr
96. supone - nimmt an
97. supuesto - vermutlich
98. también - auch
99. telefonea - ruft an
100. tienda - Laden
101. tiene - hat
102. todo - alle, alles, ganz
103. tristemente - traurig
104. tú - du, Sie
105. tumbado - niedergeworfen
106. tumbado - liegend
107. un - ein
108. uno - ein
109. va - geht
110. vacunas - Impfungen
111. ve - sieht
112. ven - kommen
113. vendedor - Verkäufer
114. verdad - Wahrheit
115. voluntad - Wille
116. y - und
117. yo - ich

El gato enfermo

Robert va a una tienda de mascotas. Compra un gato pequeño. Está muy contento, pero una semana más tarde Robert telefonea a la tienda y dice que el gato está enfermo: no corre ni juega.
"¡Eso es extraño!" dice el vendedor, "El gato está completamente sano. ¡Tiene todas las vacunas necesarias! Me acuerdo bien de qué gato tan feliz era."
"¡Yo también estoy muy sorprendido!" dice Robert, "Pero ahora se queda acostado en un sitio todo el día y apenas se mueve."
"¿Duerme mucho, quizás?" supone el propietario de la tienda de mascotas.
"No, no duerme," responde Robert tristemente, "Solamente se queda tumbado y no se mueve. Solo a veces viene a la cocina a comer. Pero después vuelve a tumbarse y no se levanta."
El propietario de la tienda de mascotas ve que Robert está muy disgustado.
"No se preocupe. Iré a su casa hoy y veré qué le ocurrió al gato," dice.
Por la noche va a casa de Robert para observar al gato. Ve que Robert está diciendo la verdad: el gato no corre ni juega. Se queda tumbado y apenas se mueve… y delante de él hay una jaula grande con dos ratas - las otras mascotas de Robert. El gato está tumbado y casi no respira, está mirando a las ratas muy de cerca, sin quitar la mirada de ellas.
"Ooh," dice el propietario de la tienda de mascotas, "Por supuesto. Ahora todo está claro. ¿Por qué debería correr y jugar cuando los juguetes más interesantes están justamente aquí? ¿Qué gato dejaría marchar a un ratón por voluntad propia?"

Der kranke Kater

Robert geht in eine Tierhandlung. Er kauft einen kleinen Kater. Er freut sich sehr. Aber eine Woche später ruft Robert die Tierhandlung an und sagt, dass der Kater krank sei. Er renne nicht und spiele nicht.
„Das ist seltsam!", sagt der Verkäufer. „Der Kater ist komplett gesund. Er hat alle vorgeschriebenen Impfungen bekommen! Ich kann mich gut daran erinnern, was für ein fröhlicher Kater er war."
„Ich bin auch sehr überrascht!", sagt Robert. „Aber jetzt liegt er den ganzen Tag nur an einem Ort und bewegt sich kaum."
„Vielleicht schläft er viel?", nimmt der Besitzer der Tierhandlung an.
„Nein, er schläft nicht", antwortet Robert traurig. „Er liegt nur herum und bewegt sich nicht. Er kommt nur manchmal in die Küche um zu fressen. Aber dann legt er sich wieder hin und steht nicht auf."
Der Besitzer der Tierhandlung merkt, dass Robert sehr traurig ist.
„Keine Sorge. Ich werde heute bei Ihnen vorbeikommen und werde nachsehen, was mit dem Kater passiert ist", sagt er.
Er kommt am Abend zu Robert nach Hause und sieht sich den Kater an. Er sieht, dass Robert die Wahrheit sagt. Der Kater rennt nicht und spielt nicht. Er liegt nur herum und bewegt sich kaum… und vor ihm steht ein großer Käfig mit zwei Ratten - Roberts anderen Haustieren. Der Kater liegt am Boden und atmet kaum - er beobachtet die Ratten ganz genau, ohne seinen Blick von ihnen zu wenden.
„Oh", sagt der Besitzer der Tierhandlung. „Jetzt ist natürlich alles klar. Warum sollte er herumrennen und spielen, wenn das interessanteste Spielzeug gleich hier ist. Welcher Kater würde freiwillig eine Maus alleine lassen?"

2

El hámster se salvó a sí mismo
Der Hamster rettete sich selbst

A

Palabras
Vokabeln

1. abraza - (er, sie, es) umarmt
2. activa - aktiv
3. acuario - Aquarium
4. agua - Wasser
5. al lado - an der Seite, daneben, nebenan
6. alegre - fröhlich
7. algo - etwas
8. alrededor - ringsherum
9. amigos - Freunde
10. animal - Tier
11. aparta - weg
12. aparta - verjagen (hier), entfernen, beiseite legen
13. aseando - putzt sich (hier), zurecht gemacht
14. ayuda - hilft
15. baja - herauskommen (hier), fallen, sinken, herunter kommen
16. bebe - (er, sie, es) trinkt
17. beber - trinken
18. bueno - gut
19. cama - Bett
20. casa - Haus
21. caso - Fall
22. cómo - wie
23. comprar - kaufen
24. corriendo - laufend
25. dar - schenken
26. de Ann - Anns
27. de Robert - Roberts
28. despierta - (er, sie, es) wacht auf
29. detener - aufhören
30. dice - (er, sie, es) erzählt
31. dormido - schläft
32. dormir - schlafen
33. duerme - (er, sie, es) schläft

34. dulces - Süßigkeiten
35. durmiendo - schlafend
36. ella - sich, sie
37. empieza - (er, sie, es) startet
38. en - in
39. enferma - krank
40. espero - hoffe
41. este - diese
42. estos - diese
43. exactamente - genau
44. familiarizarse - sich vertraut machen
45. flores - Blumen
46. frutas - Früchte
47. fuera - draußen
48. fuertemente - laut
49. gracias - Danke
50. gusta - gerne haben
51. gustan - gerne haben, sie haben es gerne, sie mögen es (plural)
52. habitación - Zimmer
53. hámster - Hamster
54. historia - Geschichte
55. hola - hallo
56. humor - Stimmung
57. incluso - sogar
58. inmediatamente - sofort
59. la - sie, ihr
60. lastimar - weh tun
61. le - ihn, ihm
62. llamado - genannt
63. mañana - Morgen
64. me gustaría - ich würde gerne
65. me temo - ich habe Angst
66. mejor - besser
67. mejorar - aufhellen
68. mi - meine
69. mira - (er, sie, es) schaut an; mira fijamente - (er, sie, es) starrt
70. mucho - viel
71. muestra - (er, sie, es) zeigt
72. necesito - brauche
73. noche - Nacht
74. normal - normal
75. normalmente - normalerweise
76. nosotros - wir
77. nuestro - unsere
78. nuevo - neu
79. o - oder
80. ofrezco - ich biete an
81. para - für
82. parece - es scheint
83. pez - Fisch
84. piensa - (er, sie, es) denkt
85. puedo - ich kann
86. quiere - er/sie/es will
87. quiero - ich will
88. realmente - wirklich
89. regalo - Geschenk
90. regalos - Geschenke
91. reír - lachen; ríe - lacht
92. riendo - lachend
93. rueda - Rad, Laufrad
94. sabe - (er, sie, es) weiß
95. salvó - gerettet
96. se - sich
97. se da cuenta - (er, sie, es) merkt
98. se sienta - (er, sie, es) setzt sich
99. sentado - sitzt
100. siempre - immer
101. siente - (er, sie, es) fühlt
102. siento - fühle
103. sin embargo - jedoch
104. sonríe - (er, sie, es) lächelt
105. sorpresa - Überraschung
106. soy - bin
107. también - auch
108. tarde - spät
109. taza - Trinkschale, Tasse
110. tener - haben
111. tiene - Sie haben (er, sie, es) hat
112. todavía - immer noch
113. todos - jeder, alle
114. trae - (er, sie, es) bringt
115. tranquilo - leise
116. tu - dein
117. un - ein
118. ve - (er, sie, es) sieht
119. viene - (er, sie, es) kommt
120. visita - (er, sie, es) besucht
121. ya - schon
122. yo - ich

B

El hámster se salvó a sí mismo

Ann la amiga de Robert está enferma. Robert visita a Ann todos los días. A veces Robert le trae regalos. Normalmente le trae flores, fruta o dulces. Pero hoy quiere sorprenderla. Robert sabe que a Ann le gustan mucho los animales. Ann ya tiene un gato llamado Tom. Sin embargo Tom está normalmente fuera. Y Robert quiere darle a Ann un animal que esté siempre en casa. Robert va a una tienda de mascotas.
"Hola," le dice Robert a un vendedor de la tienda de mascotas.
"Hola," le responde el vendedor, "¿Cómo puedo ayudarle?"
"Me gustaría comprar un animal para mi amiga," dice Robert. El vendedor piensa.
"Puedo ofrecerle un pez de acuario," dice el vendedor. Robert mira los peces de acuario.
"No. Un pez es demasiado tranquilo, y Ann es alegre y activa," responde Robert. El vendedor sonríe.
"En este caso, su amiga estará contenta de tener este animal," dice el vendedor, y le enseña un pequeño hámster. Robert sonríe.
"Tiene razón," dice Robert, "¡Esto es exactamente lo que necesito!"
Robert compra dos hámsters. También compra una jaula. Hay de todo en la casa del hámster, una taza para beber, una rueda para correr, e incluso una pequeña cama.
Por la noche Robert va a casa de Ann.
"Hola Ann," dice Robert, "¿Cómo estás?"
"Hola Robert," responde Ann, "Hoy estoy mucho mejor."
"Ann, de veras quiero mejorar tu humor," dice Robert, "Espero que te guste este regalo."
Ann mira a Robert con sorpresa. Robert le muestra a Ann la jaula con los hámsters. Ann empieza a reírse. Abraza a Robert.
"¡Gracias, Robert! Me gustan mucho los hámsters. A veces me parece que tenemos algo en común," dice Ann. Robert también se ríe. Robert vuelve a casa tarde esa noche. Ann se va a la

Der Hamster rettete sich selbst

Roberts Freundin Ann ist krank. Robert besucht Ann jeden Tag. Manchmal bringt Robert ihr Geschenke. Normalerweise bringt er ihr Blumen, Früchte oder Süßigkeiten. Aber heute möchte er sie überraschen. Robert weiß, dass Ann Tiere sehr gerne hat. Ann hat bereits einen Kater, der Tom heißt. Tom ist jedoch normalerweise draußen. Und Robert möchte Ann ein Tier schenken, dass immer zu Hause ist. Robert geht in eine Tierhandlung.
„Hallo", sagt Robert zu einem Verkäufer in der Tierhandlung.
„Hallo", antwortet der Verkäufer, „wie kann ich Ihnen helfen?"
„Ich würde gerne ein Tier für meine Freundin kaufen", sagt Robert. Der Verkäufer denkt nach.
„Ich kann Ihnen ein Aquarium mit Fischen anbieten", sagt der Verkäufer. Robert schaut das Aquarium mit den Fischen an.
„Nein. Ein Fisch ist zu leise, und Ann ist fröhlich und aktiv", antwortet Robert. Der Verkäufer lächelt.
„In diesem Fall wird sich Ihre Freundin über dieses Tier freuen", sagt der Verkäufer und zeigt einen kleinen Hamster. Robert lächelt.
„Sie haben recht", sagt Robert, „das ist genau was ich brauche!"
Robert kauft zwei Hamster. Er kauft auch einen Käfig. Im Hamsterkäfig gibt es alles - eine Trinkschale, ein Rad zum Laufen, und sogar einen kleinen Schlafplatz.
Am Abend geht Robert zu Ann.
„Hallo Ann", sagt Robert. „Wie geht es dir?"
„Hallo Robert", antwortet Ann. „Heute geht es mir schon viel besser."
„Ann, ich möchte wirklich gerne deine Stimmung aufhellen", sagt Robert. „Ich hoffe, du magst dieses Geschenk."
Ann sieht Robert überrascht an. Robert zeigt Ann den Käfig mit den Hamstern. Ann beginnt zu lachen. Sie umarmt Robert.
„Danke, Robert!" Ich mag Hamster sehr.

cama. El gato Tom entra en la habitación de Ann. "Tom, familiarízate. Estos son nuestros nuevos amigos hámsters, llamados Willy y Dolly," le dice Ann al gato. Tom se sienta al lado de la jaula y mira fijamente para los hámsters. Dolly ya está durmiendo y Willy está corriendo en la rueda. "Tom, no lastimes a nuestros nuevos amigos. Buenas noches a todos," dice Ann. Ann se va a dormir.
Por la mañana Ann se levanta y ve que Tom está sentado al lado de la jaula. Dolly se está aseando, y Willy está todavía corriendo en la rueda. Ann se da cuenta de que el gato ha estado sentado al lado de la jaula y mirando a Willy toda la noche. Y Willy tenía miedo de detenerse. Ann lo siente por Willy. Aparta a Tom de la jaula. Willy se baja de la rueda, va hacia la taza de agua y bebe. Después el hámster inmediatamente cae y se queda dormido. Duerme todo el día. Por la noche vuelve Robert y Ann le cuenta la historia del hámster. Robert y Ann ríen fuertemente y el hámster Willy se despierta y se les queda mirando fijamente.

„Manchmal habe ich das Gefühl, dass wir etwas gemeinsam haben", sagt Ann. Robert lacht auch. Spät am Abend geht Robert nach Hause. Ann geht zu Bett. Der Kater Tom kommt in Anns Zimmer. „Tom, mach dich bekannt. Das sind unsere neuen Freunde - die Hamster Willy und Dolly", erzählt Ann dem Kater. Tom setzt sich neben den Käfig und starrt die Hamster an. Dolly schläft bereits und Willy rennt im Laufrad.
„Tom, tu unseren neuen Freunden nicht weh. Schlaft gut", sagt Ann. Ann geht schlafen.
Am nächsten Morgen wacht Ann auf und sieht, dass Tom neben dem Käfig sitzt. Dolly putzt sich und Willy rennt immer noch im Laufrad. Ann merkt, dass der Kater die ganze Nacht bei dem Käfig gesessen ist und Willy beobachtet hat. Und Willy hatte Angst aufzuhören zu rennen. Willy tut Ann leid. Sie verjagt Tom vom Käfig. Willy kommt aus dem Laufrad, geht zur Trinkschale und trinkt. Der Hamster fällt sofort danach um und schläft ein. Er schläft den ganzen Tag. Am Abend kommt Robert und Ann erzählt ihm die Geschichte vom Hamster. Robert und Ann lachen laut. Der Hamster Willy wacht auf und starrt sie an.

3

Un rescatador
Ein Retter

A

Palabras
Vokabeln

1. algunos - einige
2. amigo - Freund
3. árbol - Baum
4. ataca - (er, sie, es) attackiert
5. atrás - zurück
6. cabeza - Kopf
7. caminando - gehend, spazierend
8. comida - Futter (hier), Essen, Speise
9. comprende - versteht
10. corre - (er, sie, es) rennt
11. correa - Leine
12. cuando - wie
13. cuidas - du kümmerst (dich)
14. después - nach
15. en - in, auf
16. encontrarse - sich treffen
17. facultad - Universität
18. familiar - Verwandte
19. footing - joggen
20. fuera - draußen, außerhalb
21. furiosamente - wild
22. furioso - wütend
23. gato - Katze
24. grita - (er, sie, es) schreit
25. gruñe - (er, sie, es) knurrt
26. gruñido - Knurren
27. guepardo - Gepard
28. hacia - zu, nach
29. hora - Zeit
30. inclinada - geneigt
31. lado - Seite
32. llama - (er, sie, es) nennt
33. llamado - heißt
34. mañana - Morgen
35. más cercano - am nächsten
36. mascotas - Haustiere
37. momento - Moment
38. morder - beißen

39. necesita - (er, sie, es) braucht
40. niña - Mädchen
41. no puedo - ich kann nicht
42. nombre - Name
43. otro - ein anderer
44. parque - Park
45. Perdone - Entschuldigen Sie
46. perro - Hund
47. pregunta - fragt
48. primero - ersten
49. problema - Problem
50. propietarios - Besitzer, Eigentümer
51. quiere - liebt (hier), (er, sie, es) mag, will
52. rama - Ast
53. rápidamente - schnell
54. rescatador - Retter
55. rica - lecker
56. salta - (er, sie, es) springt
57. se olvida - vergisst
58. si - wenn; falls
59. silenciosamente - leise
60. su - sein, ihr, ihre
61. sujetar - halten
62. supermercado - Supermarkt
63. trepa - (er, sie, es) klettert
64. va - (er, sie, es) geht
65. valiente - tapfer
66. vecino - Nachbar
67. velocidad - Geschwindigkeit
68. vigila - beobachtet, überwacht

Un rescatador

El amigo de Robert, David, también tiene un gato. Quiere mucho a su gato. Su gato se llama Mars. David lo llama "Compañero." David va al supermercado todos los días después de la facultad y compra comida rica para el gato. Un día Robert le dice a David: "Cuidas a tu gato como si fuera un familiar."
David sonríe y cuenta su historia. David va a hacer footing al parque vecino todos los días por la mañana. Los propietarios de mascotas están paseando a sus mascotas por el parque a esa hora. Una vez David ve a una niña pequeña corriendo hacia él con un perro grande de la correa.
"¡Señor, señor!" grita la niña. David cree que la niña tiene un problema y que necesita ayuda. Va rápidamente a encontrarse con la niña del perro.
"¿Qué ha ocurrido?" pregunta David. La niña y el perro corren hacia David.
"Perdóneme, señor, ¡pero mi perro va a morderle ahora mismo! No puedo sujetarlo hacia atrás," dice la niña. Primero David no comprende qué está pasando. Pero cuando el perro lo ataca y gruñe furiosamente, David corre hasta el árbol más cercano con la rapidez

Ein Retter

Roberts Freund David hat auch einen Kater. Er liebt seinen Kater sehr. Der Name seines Kater ist Mars. David nennt ihn „Buddy". David geht jeden Tag nach dem College in den Supermarkt, um leckeres Futter für den Kater zu kaufen. An einem Tag sagt Robert zu David: „Du kümmerst dich um deinen Kater, als ob du mit ihm verwandt wärst."
David lächelt und erzählt ihm seine Geschichte. Jeden Morgen geht David im Park in der Nachbarschaft joggen. Zu dieser Zeit gehen die Haustierbesitzer mit ihren Haustieren im Park Gassi. Einmal sieht David ein kleines Mädchen auf ihn zurennen, das einen großen Hund an der Leine hat.
„Herr, Herr!", schreit das Mädchen. David glaubt, dass das Mädchen ein Problem hat und Hilfe braucht. Er geht schnell, um das Mädchen mit dem Hund zu treffen.
„Was ist passiert?" fragt David. Das Mädchen und der Hund rennen zu David.
„Entschuldigen Sie, Herr, aber mein Hund wird Sie gleich beißen! Ich kann ihn nicht aufhalten", sagt das Mädchen. Im ersten Moment versteht David nicht, was gerade passiert. Aber als der Hund ihn angreift und wild knurrt, rennt David mit der Geschwindigkeit eines Geparden zum nächsten

16

de un guepardo. En ese momento un gran gato salta del árbol y corre hacia un lado. El perro se olvida de David inmediatamente y persigue al gato con un gruñido. El gato rápidamente corre hasta otro árbol y trepa por él. El perro salta con un gruñido furioso, pero no puede alcanzar al gato que está en el árbol. Entonces el gato se acuesta tranquilamente sobre una rama y, con la cabeza inclinada hacia un lado, vigila silenciosamente hacia el perro. Este valiente gato ahora se llama Mars.

Baum. In diesem Moment springt ein großer Kater aus dem Baum und rennt auf die Seite. Der Hund vergisst David sofort und jagt knurrend den Kater. Der Kater rennt schnell zu einem anderen Baum und klettert auf ihn. Der Hund springt mit einem wütenden Knurren, aber er kann den Kater im Baum nicht erwischen. Dann legt sich der Kater leise auf einen Ast und beobachtet, mit dem Kopf zur Seite geneigt, still den Hund. Der tapfere Kater heißt jetzt Mars.

4

Una niñera con rabo
Ein Kindermädchen mit Schweif

Palabras
Vokabeln

1. acariciando - steichelnd
2. además - außerdem
3. algún sitio - irgendwo
4. apartamento - Wohnung
5. ascensor - Aufzug
6. aunque - obwohl
7. ayuda - hilft
8. caza - fängt, jagt
9. coge - (er, sie, es) nimmt
10. comida - Mittagessen (hier), Essen
11. comprende - (er, sie, es) versteht
12. cree - (er, sie, es) glaubt
13. décimo - zehnten
14. deja - (er, sie, es) lässt
15. entornada - einen Spalt offen stehend
16. escaleras - Stiegen, Treppen
17. sala de estar - Wohnzimmer
18. hacer - machen
19. haciendo - macht
20. hijo - Sohn
21. inquieto - unruhig
22. joven - jung
23. juega - (er, sie, es) spielt
24. más gordo - dicker
25. maúlla - (er, sie, es) miaut
26. mujer - Frau
27. niño - Kind
28. nunca - nie
29. obediente - gehorsam
30. pájaros - Vögel

31. pequeño - kleines
32. pidiendo - bittend
33. placer - Vergnügen
34. poniendo - stellend
35. puerta - Tür
36. rabo - Schweif
37. ratones - Mäuse
38. se da cuenta - (er, sie, es) bemerkt
39. sofá - Sofa
40. suelo - Boden
41. tareas - Hausarbeiten
42. tranquilo - ruhig
43. últimamente - in letzter Zeit
44. usa - benutzt
45. vive - (er, sie, es) lebt
46. vuelve - kommt zurück

B

Una niñera con rabo

El gato Mars es muy obediente y calmado. Aunque últimamente siempre se está escapando a algún sitio. David se da cuenta de que Mars se está poniendo cada día más gordo. David cree que el gato caza pájaros y ratones. Un día David vuelve a casa; vive en el décimo piso, pero nunca usa el ascensor. Sube por las escaleras y ve que la puerta de un apartamento vecino está entornada. David ve a una mujer joven limpiando el suelo en la sala de estar. La conoce, se llama María. Un niño pequeño está sentado en el sofá de la sala de estar acariciando al gato Mars. Mars maúlla con placer.
"Buen día, María. Perdona, ¿qué está haciendo mi gato en tu casa?" pregunta David a la mujer.
"Buen día, David. Ves, mi hijo es muy inquieto. No me deja hacer las tareas. Mi hijo siempre me está pidiendo que juegue con él. Tu gato me ayuda. Juega con mi hijo," Responde María. David se ríe.
"Además, ¡siempre obtiene de mí una rica comida!" dice la mujer. David comprende ahora por qué su gato está engordando cada día más

Ein Kindermädchen mit Schweif

*Der Kater Mars ist sehr gehorsam und ruhig, obwohl er in letzter Zeit immer irgendwo hinrennt. David bemerkt, dass Mars jeden Tag dicker wird. David glaubt, dass der Kater Vögel und Mäuse fängt. Eines Tage kommt David nach Hause; er lebt im zehnten Stock, aber benutzt nie den Aufzug. Er geht die Treppe hinauf und sieht, dass die Tür zur Nachbarwohnung einen Spalt offen steht. David sieht eine junge Frau, die den Boden des Wohnzimmers aufwäscht. David kennt sie. Ihr Name ist Maria. Ein kleines Kind sitzt gerade auf dem Sofa im Wohnzimmer und streichelt den Kater Mars. Mars miaut mit Vergnügen.
„Guten Abend, Maria. Entschuldigen Sie bitte, was macht mein Kater in Ihrer Wohnung?", fragt David die Frau.
„Guten Tag, David. Wissen Sie, mein Kind ist sehr unruhig. Es lässt mich nicht die Hausarbeit machen. Mein Sohn bittet mich immer, mit ihm zu spielen. Ihr Kater hilft mir. Er spielt mit meinem Sohn", antwortet Maria. David lacht.
„Außerdem bekommt er immer ein leckeres Mittagessen von mir!", sagt die Frau. David versteht jetzt, warum sein Kater jeden Tag dicker und dicker wird.*

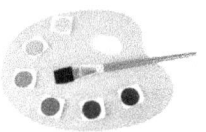

5

Un gato parlante
Ein sprechender Kater

A

Palabras
Vokabeln

1. además - zudem
2. alguien - jemandem
3. alimenta - (er, sie, es) füttert
4. alrededor - herum
5. amable - nett
6. anciana - alt
7. aprieta - (er, sie, es) drückt
8. asustada - verängstigt
9. atenta - aufmerksam
10. cabeza - Kopf
11. cae - fällt
12. cansada - müde
13. cierto - wahr
14. claramente - deutlich
15. con descontento - unzufrieden
16. contrata - (er, sie, es) stellt ein
17. convence - (er, sie, es) überzeugt
18. da - (er, sie, es) gibt
19. de muñecas - Puppen-
20. de repente - plötzlich
21. decide - (er, sie, es) entscheidet
22. directamente - direkt
23. duda - (er, sie, es) zweifelt
24. ellos - sie
25. empieza - (er, sie, es) beginnt
26. escucha - (er, sie, es) hört
27. escuchar - hören
28. escuchó - (er, sie, es) hörte
29. esquina - Ecke
30. está tumbado - liegt
31. exigente - fordernd
32. frase - Satz
33. gustan - sie lieben, sie mögen (Plural)
34. habla - (er, sie, es) spricht

35. hablan - sie sprechen (Plural)
36. hablando - sprechend
37. hasta - bis
38. humana - menschlich
39. ir - gehen
40. jugando - spielt
41. más - mehr
42. mientras - während
43. mirando - in den Augen behalten
44. mirando - sehend
45. misma - gleich
46. muñeca - Puppe
47. nadie - niemand
48. niñera - Kindermädchen
49. niños - Kinder
50. pide - (er, sie, es) fordert
51. precaución - Vorsicht
52. primero - ersten
53. pronto - bald
54. repite - (er, sie, es) wiederholt
55. salta - (er, sie, es) springt
56. satisfecho - zufrieden
57. se queda - bleibt
58. se santigua - bekreuzigt
59. sigue - (er, sie, es) folgt
60. sueño - Traum
61. tono - Ton
62. trabajando - arbeitend
63. voz - Stimme
64. vuelve - (er, sie, es) dreht

 B

Un gato parlante

Ein sprechender Kater

Un día María decide contratar a una niñera para su hijo. La nueva niñera es una amable anciana. Quiere mucho a los niños. El primer día de trabajo en casa de María, la niñera se queda en casa con el niño. Solo el gato Mars está con ellos. Después de caminar y jugar, la niñera se lleva al niño a la cama. Está cansada y también decide irse a dormir. Pero tan pronto como empieza a quedarse dormida, de repente alguien dice fuertemente desde la esquina de la habitación: "¡Aliméntame!" La niñera salta de la sorpresa. Mira a su alrededor - allí no hay nadie. Solo el gato Mars está tumbado en la esquina en una cama de muñecas. El gato Mars está mirando atentamente a la niñera con descontento. La niñera decide que fue un sueño y quiere volver a dormir. Pero entonces desde el mismo rincón claramente escucha de nuevo: "¡Quiero comer!" La niñera vuelve la cabeza - el gato la está mirando atentamente y con descontento directamente a ella. La anciana se asusta. Mira al gato durante un rato, cuando de repente se oye otra vez la exigente voz: "¡Dame algo de comer!" Ella se santigua, por si acaso, y va a la cocina. Le da un poco de

Eines Tages entscheidet sich Maria ein Kindermädchen für ihr Kind einzustellen. Das neue Kindermädchen ist eine nette alte Frau. Sie hat Kinder sehr gerne. Am ersten Tag, an dem sie bei Maria arbeitet, bleibt das Kindermädchen bei dem Kind zu Hause. Nur der Kater Mars ist bei ihnen. Nachdem sie spazieren waren und gespielt haben, bringt das Kindermädchen das Kind ins Bett. Sie ist müde und beschließt auch schlafen zu gehen. Aber sobald sie beginnt einzuschlafen, sagt plötzlich jemand laut in einer Ecke des Zimmers: „Füttere mich!" Das Kindermädchen springt überrascht auf. Sie sieht sich um - aber es ist niemand da. Nur der Kater Mars liegt in der Ecke auf einem Puppenbett. Der Kater Mars sieht das Kindermädchen unzufrieden an. Das Kindermädchen beschließt, dass sie nur geträumt hat und will wieder schlafen gehen. Aber aus der gleichen Ecke hört sie wieder deutlich: „Ich möchte essen!" Das Kindermädchen dreht sich um - der Kater schaut aufmerksam und unzufrieden direkt in ihre Richtung. Die alte Frau bekommt Angst. Sie sieht den Kater eine Zeit lang an, als plötzlich wieder die fordernde Stimme von ihm kommt: „Gib mir etwas zu essen!" Sie bekreuzigt sich, für alle Fälle, und geht in die Küche. Sie gibt dem Kater etwas zu fressen. Sie ist vorsichtig und behält den

comida al gato. Ella sigue vigilando con precaución al gato Mars hasta la noche. Pero el satisfecho gato duerme y no habla más. María vuelve a casa por la noche y la anciana le cuenta en tono asustado que el gato habla con voz humana y pide comida. María está muy sorprendida. Empieza a dudar de que la nueva niñera esté bien de la cabeza. Pero la niñera la convence de que es cierto.
"¡Así es cómo fue!" dice la niñera, "Aquí, en esta esquina, en la cama de muñecas, ¡el gato se sienta y me dice 'dame algo de comer'! ¡Además lo repite!" dice la niñera.
Y de repente María comprende qué ocurrió. Va a la cama de muñecas y coge una pequeña muñeca. María la aprieta y escuchan la misma frase: "¡Quiero comer!"

Kater Mars bis zum Abend in den Augen. Aber der zufriedene Kater schläft und spricht nicht mehr. Maria kommt am Abend zurück nach Hause und die alte Frau erzählt ihr mit verängstigter Stimme, dass der Kater mit einer menschlichen Stimme spreche und Futter fordere. Maria ist sehr überrascht. Sie beginnt daran zu zweifeln, dass das neue Kindermädchen ganz bei Verstand ist. Aber das Kindermädchen überzeugt sie davon, dass die Geschichte wahr ist.
„So war es!", sagt das Kindermädchen. „Hier in dieser Ecke, im Puppenbett, saß der Kater und sagte zu mir 'Gib mir etwas zu essen'! Und noch dazu hat er es wiederholt!", sagt das Kindermädchen.
Und plötzlich versteht Maria, was passiert war. Sie geht zum Puppenbett und nimmt eine kleine Puppe heraus. Maria drückt die Puppe und sie hören den gleichen Satz: „Ich möchte essen!"

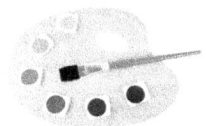

6

Invitado somnoliento
Schläfriger Gast

Palabras
Vokabeln

1. adjuntada - befestigt
2. amarillo - gelb
3. años - Jahre
4. bien alimentado - gut gefüttert
5. bonito - hervorragend, großartig
6. collar - Halsband
7. continuó - (er, sie, es) ging weiter
8. curioso - neugierig
9. del perro - des Hundes
10. despacio - langsam
11. días - Tage
12. donde - wo
13. está - es ist
14. estudios - Studien
15. finalmente - schließlich
16. intentando - versuchend
17. invitado - Gast
18. mañana - morgen
19. mediados - Mitte
20. no están - sind nicht
21. noche - Nacht
22. nota - Notiz
23. otoño - Herbst
24. paseo - Spaziergang
25. patio - Hof
26. quién - wer
27. ramillete - Strauß
28. recoger - sammeln
29. respuesta - Antwort
30. saber - wissen
31. se acerca - kommt auf ihn zu
32. seis - sechs

33. ser/estar - sein
34. sigue - (er, sie, es) folgt
35. siguiente - folgendem
36. sin hogar - streunend
37. somnoliento - schläfrig
38. tener - nehmen

39. tiempo - Wetter
40. todavía - noch
41. tres - drei
42. universidad - Universität
43. varios - einige
44. venir - kommen

Invitado somnoliento

Como suele hacer tras sus estudios en la universidad, Robert sale al exterior a dar un paseo. El tiempo es bueno hoy. Es justamente mediados de otoño. Robert decide recoger un ramillete de hojas amarillas. De repente ve a un viejo perro que entra en el patio. Parece muy cansado. Tiene puesto un collar y está muy bien alimentado. Así que Robert decide que no está sin hogar y que lo cuidan bien. El perro se acerca a Robert silenciosamente. Robert le acaricia la cabeza. Robert ya debería volver a casa. El perro lo sigue. Entra en la casa; despacio, entra en la habitación de Robert. A continuación se acuesta en el rincón y se queda dormido.
Al día siguiente el perro vuelve a venir. Se acerca a Robert en el patio. Después vuelve a entrar en la casa y se queda dormido en el mismo lugar. Duerme durante aproximadamente tres horas. Luego se levanta y se va a alguna parte.
Esto continuó durante varios días. Finalmente a Robert le entró la curiosidad y adjuntó una nota en el collar del perro con lo siguiente: "Me gustaría saber quién es el dueño de este bonito perro y si sabe que viene a mi casa casi todos los días a dormir."
Al día siguiente el perro vuelve otra vez, y la siguiente respuesta está adjuntada al collar: "Vive en una casa donde hay seis niños, y dos de ellos todavía no tienen tres años. Solo está intentando tener una buena noche de sueño en algún sitio. ¿Puedo yo también venir mañana?"

Schläfriger Gast

Wie gewöhnlich geht Robert draußen spazieren, nachdem er in der Universität war. Das Wetter ist heute schön. Es ist mitten im Herbst. Robert entscheidet sich einen Bund gelber Blätter zu sammeln. Plötzlich sieht er einen alten Hund, der in den Hof kommt. Er sieht sehr müde aus. Er trägt ein Halsband und ist gut gefüttert. Also dachte sich Robert, dass es kein streunender Hund sei und dass man sich gut um ihn kümmere. Der Hund kommt leise auf Robert zu. Robert streichelt ihn am Kopf. Robert sollte sich schon auf den Heimweg machen. Der Hund folgt ihm. Er geht in das Haus; er geht leise in Roberts Zimmer. Dann legt er sich in eine Ecke und schläft ein.
Am nächsten Tag kommt der Hund wieder. Er kommt Robert im Hof entgegen. Dann geht er wieder in das Haus und schläft am gleichen Platz ein. Er schläft ungefähr drei Stunden lang. Dann steht er auf und geht weg.
Das geht einige Tage so weiter. Schließlich wird Robert neugierig und befestigt eine Notiz mit folgendem Text am Hundehalsband: „Ich würde sehr gerne wissen, wer der Besitzer dieses hervorragenden Hundes ist, und, ob er weiß, dass der Hund beinahe jeden Tag zu mir kommt, um zu schlafen."
Am nächsten Tag kommt der Hund wieder und hat die folgende Antwort an seinem Halsband befestigt: „Er lebt in einem Haus, in dem es sechs Kinder gibt, und zwei davon sind noch keine drei Jahre alt. Er versucht nur irgendwo durchzuschlafen. Kann ich morgen auch zu Ihnen kommen?"

7

El perro no es culpable
Der Hund ist nicht schuld

A

Palabras
Vokabeln

1. animadamente - fröhlich
2. año - Jahr
3. arquitecto - Architekt
4. biblioteca - Bibliothek
5. bosque - Wald
6. brilla - (er, sie, es) scheint
7. cabina - Fahrerhaus
8. cafetería - Café
9. cantan - sie singen (Plural)
10. cantando - singend
11. casado - verheiratet
12. casaron - heirateten
13. cestos - Körbe
14. champiñón - Pilz
15. coche - Auto
16. colegio - Schule
17. colgando - hängt
18. con - mit
19. con entusiasmo - aufgeregt
20. conduce - (er, sie, es) fährt
21. construcción - Bau
22. culpable - schuldig
23. de todas formas - jedenfalls
24. domingo - Sonntag
25. echa de menos - vermisst
26. empresa - Firma
27. encierran - sie sperren ein (Plural)
28. encontrado - gefunden
29. estado - gewesen
30. faltan - fehlen
31. familia - Familie
32. hace - (er, sie, es) macht
33. hermana - Schwester
34. horas - Stunden

35. ladra - (er, sie, es) bellt
36. ladró - (er, sie, es) bellte
37. madre - Mutter
38. mamá - Mutter
39. marido - Ehemann
40. medianos - mittlere
41. menor - jünger
42. miembros - Mitglieder
43. música - Musik
44. nos - uns
45. ocho - acht

46. por - durch
47. quedarte - du bleibst
48. recogen - sie sammeln (Plural)
49. robado - gestohlen
50. se acercan - kommen näher
51. secretaria - Sekretär/in, der/die
52. sol - Sonne
53. todos - alle
54. trabaja - (er, sie, es) arbeitet
55. ventanilla - Fenster
56. vigilar - aufpassen

B

El perro no es culpable

Der Hund ist nicht schuld

David va a la biblioteca después de la facultad. Se reúne con sus amigos en una cafetería por las noches. La hermana menor de David, Nancy, ya tiene ocho años. Estudia en el colegio. La madre de David, Linda, trabaja de secretaria. Su marido Christian es arquitecto en una empresa de construcción. Christian y Linda se casaron hace un año. David tiene un gato llamado Mars y un perro, Baron.
Hoy es domingo. David, Nancy, Linda, Christian y Baron van al bosque a recoger champiñones. David conduce. En el coche suena música. El padre y la madre cantan. Baron ladra animadamente.
Entonces el coche se detiene. Baron sale del coche de un salto y corre hacia el bosque. Salta y juega.
"Baron, tú deberías quedarte aquí," dice David, "Deberías vigilar el coche. Y nosotros iremos al bosque."
Baron mira tristemente a David, pero de todas formas va al coche. Lo encierran en el coche. La madre, el padre, David y Nancy cogen cestos y van a recoger champiñones. Baron mira por la ventanilla.
"Es bueno que tengamos a Baron. Vigila el coche y nosotros no tenemos que preocuparnos," dice el padre.
"Baron es un perro valiente," dice David.
"Hace buen tiempo hoy," dice la madre.

David geht nach dem College in die Bibliothek. Abends trifft er seine Freunde in einem Café. Davids jüngere Schwester Nancy ist schon acht Jahre alt. Sie geht in die Schule. Davids Mutter, Linda, arbeitet als Sekretärin. Ihr Ehemann Christian arbeitet als Architekt für eine Baufirma. Christian und Linda haben vor einem Jahr geheiratet. David hat einen Kater, der Mars heißt, und einen Hund, der Baron heißt.
Heute ist Sonntag. David, Nancy, Linda, Christian und Baron gehen in den Wald um Pilze zu sammeln. David fährt. Im Auto spielt Musik. Der Vater und die Mutter singen. Baron bellt fröhlich.
Dann bleibt das Auto stehen. Baron springt aus dem Auto und rennt in den Wald. Er springt und spielt.
„Baron, du solltest hier bleiben", sagt David. „Du sollst auf das Auto aufpassen. Und wir werden in den Wald gehen."
Baron sieht David traurig an, aber geht trotzdem zum Auto. Sie sperren ihn ins Auto. Die Mutter, der Vater, David und Nancy nehmen Körbe und gehen Pilze sammeln. Baron schaut durch das Autofenster hinaus.
„Es ist gut, dass wir Baron haben. Er passt auf das Auto auf und wir müssen uns keine Sorgen machen", sagt der Vater.
„Baron ist ein mutiger Hund", sagt David.
„Das Wetter ist heute gut", sagt die Mutter.

"¡He encontrado el primer champiñón!" grita Nancy. Todos empiezan a recoger champiñones con entusiasmo. Todos los miembros de la familia están de buen humor. Los pájaros cantan, brilla el sol. David solo reúne champiñones grandes. Madre reúne champiñones pequeños y medianos. El padre y Nancy reúnen champiñones grandes, pequeños y medianos. Recogen champiñones durante dos horas.

"Tenemos que volver al coche. Baron nos echa de menos," dice el padre. Todos van al coche. Se acercan al coche.

"¿Qué es esto?" grita Nancy. ¡Al coche le faltan las ruedas! ¡Han robado las ruedas! El perro está sentado en la cabina y mira a su familia con mirada temerosa. Hay una nota colgando de la ventanilla: "El perro no tiene la culpa. ¡Ladró!"

„Ich habe den ersten Pilz gefunden!" schreit Nancy. Jeder beginnt aufgeregt Pilze zu sammeln. Alle Familienmitglieder sind in einer guten Stimmung. Die Vögel singen, die Sonne scheint. David sammelt nur große Pilze. Die Mutter sammelt kleine und mittlere. Der Vater und Nancy sammeln große, mittlere und kleine Pilze. Sie sammeln zwei Stunden lang Pilze.

„Wir müssen zum Auto zurückgehen. Baron vermisst uns", sagt der Vater. Alle gehen zum Auto. Sie kommen näher zum Auto.

„Was ist das?" schreit Nancy. Dem Auto fehlen die Räder! Die Räder wurden gestohlen! Der Hund sitzt im Auto und sieht die Familie mit einem verängstigten Blick an. Eine Notiz hängt am Fenster: „Ihr Hund ist nicht schuld. Er hat gebellt!"

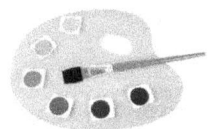

8

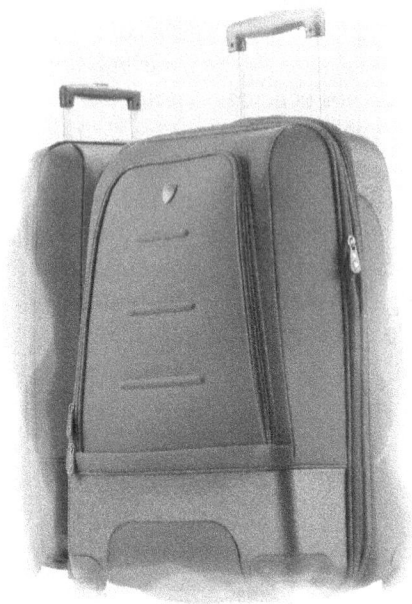

Las maletas
Die Koffer

A

Palabras
Vokabeln

1. bolsa - Tasche
2. cena - Abendessen
3. ciudad - Stadt
4. cogió - (er, sie, es) nahm
5. cómo - wie
6. compartimento - Abteil
7. de acuerdo - in Ordnung
8. descansa - ruht sich aus
9. equipaje - Gepäck
10. estación - Busbahnhof, Bahnhof
11. explica - (er, sie, es) erklärt
12. historias - Geschichten
13. jardín - Garten
14. juntos - zusammen
15. lee - (er, sie, es) liest
16. lejos - weit
17. libros - Bücher
18. llaman - sie rufen (Plural)
19. llegan - sie kommen an (Plural)
20. lleva - (er, sie, es) trägt
21. llevan - sie tragen (Plural)
22. maletas - Koffer
23. mes - Monat
24. pensó - (er, sie, es) dachte
25. pescar - fischen
26. plataforma - Bussteig, Plattform, Bahnsteig
27. preparando - vorbereitete
28. presenta - (er, sie, es) stellt vor
29. próximo - neben

30. río - Fluss
31. seguras - sicher
32. setenta - siebzig
33. situación - Situation
34. solo - alleine
35. taxi - Taxi
36. té - Tee
37. temprano - früh

38. tenía - (er, sie, es) hatte
39. tío - Onkel
40. triste - traurig
41. vender - verkaufen
42. verano - Sommer
43. verduras - Gemüse
44. vida - Leben

Las maletas

Cada verano David va a visitar a su tío Philippe. El tío Philippe vive solo. Tiene setenta años. David y el tío Philippe suelen ir a pescar al río temprano por la mañana. Luego David ayuda al tío a recoger fruta y verduras en el jardín. Después de comer David descansa y lee libros. David y el tío Philippe llevan fruta a vender por las noches. A continuación cenan y hablan juntos. El tío Philippe le cuenta a David historias sobre su vida. David suele quedarse en casa de tío Philippe un mes y después vuelve a casa. David está volviendo a casa en bus este verano. Va sentado al lado de una chica en el bus. David se presenta a la chica. La chica se llama Ann. Ann vive en la misma ciudad que David. Pero Ann vive lejos de su casa. Llegan a la ciudad. David ayuda a Ann a sacar sus maletas del compartimento de equipaje. Ann coge dos maletas. David le ayuda y coge las maletas.
"Ann, te acompañaré a casa," dice David.
"De acuerdo. Pero vives lejos de mí," responde Ann.
"No importa, tomaré un taxi," responde David. David y Ann caminan por la ciudad nocturna y hablan. Llegan a casa de Ann. David lleva las maletas al interior de la casa. Ann le presenta a David a su mamá.
"Mamá, este es David. David me ayudó a llevar las maletas," dice Ann.
"Buenas noches," dice David.
"Buenas noches," responde la mamá de Ann,

Die Koffer

Jeden Sommer besucht David seinen Onkel Philippe. Onkel Philippe lebt allein. Er ist siebzig Jahre alt. David und Onkel Philippe gehen normalerweise früh am Morgen am Fluss fischen. Dann hilft David Onkel Philippe Obst und Gemüse im Garten zu sammeln. Nach dem Mittagessen macht David eine Pause und liest Bücher. David und Onkel Philippe gehen am Abend das Obst verkaufen. Dann essen sie zu Abend und reden. Onkel Philippe erzählt David Geschichten aus seinem Leben. Normalerweise bleibt David ein Monat bei Onkel Philippe und fährt danach wieder nach Hause.
David fährt diesen Sommer von Onkel Philippe mit dem Bus nach Hause. Im Bus sitzt er neben einem Mädchen. David lernt das Mädchen kennen. Ihr Name ist Ann. Ann lebt in der gleichen Stadt wie David. Aber Ann lebt weit entfernt von seinem Haus. Sie kommen in der Stadt an. David hilft Ann ihr Gepäck aus dem Gepäckraum zu holen. Man gibt Ann zwei Koffer. David hilft ihr und nimmt die Koffer.
„Ann, ich werde dich nach Hause begleiten", sagt David.
„Ok. Aber du lebst weit entfernt von mir", antwortet Ann.
„Egal, dann nehme ich ein Taxi", antwortet David. Es ist schon abends und David und Ann gehen durch die Stadt und reden. Sie kommen zu Anns Haus. David trägt das Gepäck ins Haus. Ann stellt David ihrer Mutter vor.
„Mama, das ist David. David hat mir geholfen, das Gepäck zu tragen", sagt Ann.
„Guten Abend", sagt David.
„Guten Abend", antwortet Anns Mutter. „Möchtest du

"¿Te gustaría tomar un té?"
"No, gracias. Tengo que irme," dice David. Se está preparando para marcharse.
"David, no te olvides de tus maletas," dice la mamá de Ann. David mira hacia Ann y su mamá con sorpresa.
"¿Cómo es eso? ¿No son estas tus maletas?" pregunta David a Ann.
"Creí que estas eran tus maletas," responde Ann. Cuando Ann estaba sacando su bolsa del compartimento de equipaje, sacó las dos maletas. David pensó que eran las maletas de Ann. Y Ann pensó que eran las de David.
"¿Qué hacemos?" dice David.
"Deberíamos ir a la estación," responde Ann, "Y devolver las maletas."
Ann y David llaman un taxi y llegan a la estación. Allí ven a dos chicas tristes sobre la plataforma. David y Ann se acercan a las chicas.
"Perdonad, ¿son estas vuestras maletas?" pregunta David, y les explica toda la situación.
Las chicas ríen. Estaban seguras de que les habían robado las maletas.

etwas Tee?"
„Nein, danke. Ich muss gehen", sagt David. Er macht sich auf um zu gehen.
„David, vergiss deine Koffer nicht", sagt Anns Mutter. David sieht Ann und deren Mutter überrascht an.
„Wie ist das möglich? Sind das nicht deine Koffer?", fragt David Ann.
„Ich dachte, das wären deine Koffer", antwortet Ann. Als Ann ihr Gepäck aus dem Gepäckraum bekam, nahm sie die zwei Koffer. David dachte, dass es Anns Koffer wären. Und Ann dachte, dass es Davids Koffer wären.
„Was machen wir denn jetzt?", sagt David.
„Wir sollten zum Busbahnhof gehen", antwortet Ann, „und die Koffer zurückbringen."
Ann und David rufen ein Taxi und fahren zum Busbahnhof. Dort sehen sie zwei traurige Mädchen am Bussteig. David und Ann gehen zu den Mädchen.
„Entschuldigung, sind das eure Koffer?", fragt David und erklärt ihnen die ganze Situation.
Die Mädchen lachen. Sie waren sich sicher, dass jemand ihre Koffer gestohlen hatte.

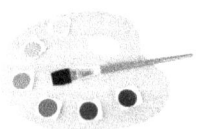

9

Profesor Leónidas
Professor Leonidas

 A

Palabras
Vokabeln

1. aprendió - (er, sie, es) lernte
2. asignatura - Unterrichtsfach
3. asistir - teilnehmen
4. atrevida - gewagt
5. aunque - jedoch
6. cabello - Haar
7. ceño - Stirnrunzeln
8. colegas - Kollegen
9. con entusiasmo - enthusiastisch
10. da clase - (er, sie, es) hält Vorlesung
11. dedo - Finger
12. departamento - Fachbereich
13. difíciles - schwierig
14. dios - Gott
15. en silencio - still
16. enamora - (er, sie, es) verliebt sich
17. enseña - (er, sie, es) unterrichtet
18. entra - (er, sie, es) betritt
19. entrevistar - abprüfen (hier), ausfragen, interviewen
20. Esparta - Sparta
21. esperando - erwartetend / esta esperando - (er, sie, es) wartet / estan esperando - sie warten
22. estudiante - Student/Studentin
23. examen - Test

24. famosos - berühmt (Plural)
25. gran - großer
26. Grecia - Griechenland
27. historia - Geschichte
28. largo - lange
29. magnífico - großartig
30. más fuerte - am lautesten
31. mote - Spitzname
32. nacional - national
33. negro - schwarz
34. no era - (er, sie, es) war nicht
35. notas - Noten
36. ojos - Augen
37. ordena - (er, sie, es) ordnet
38. pensamientos - Gedanken
39. perfectamente - perfekt
40. periodismo - Journalismus
41. pista - Hinweis
42. plato - Gericht
43. pocos - wenige
44. preguntas - Fragen
45. prepara - (er, sie, es) bereitet vor
46. principales - Haupt-
47. probablemente - wahrscheinlich
48. profesor - Professor
49. pupitre - Tisch
50. raramente - selten
51. rey - König
52. secretamente - heimlich
53. señala - (er, sie, es) zeigt
54. siente - (er, sie, es) fühlt
55. silla - Stuhl
56. suposición - Annahme
57. tarea - Aufgabe
58. te refieres - meinst du
59. techo - Decke
60. Zeus - Zeus

Profesor Leónidas

David estudia en el departamento de periodismo de la facultad. El profesor Leónidas enseña en el departamento de periodismo. Es griego y enseña historia. El profesor Leónidas tiene el mote de Zeus porque da clase con mucho entusiasmo y tiene un magnífico cabello largo y grandes ojos negros.
Hoy David tiene examen de historia. Le gusta la asignatura. Lee mucho y siempre saca buenas notas.
David entra en el aula y coge la tarea de examen. Se sienta en el pupitre y hace la tarea. Las preguntas no son difíciles. Lena se sienta al lado de David. Lena raramente asiste a las clases del profesor Leónidas. A Lena no le gusta la historia. Está esperando su turno.
Luego Lena va hasta el pupitre del profesor Leónidas y se sienta en una silla.
"Estas son mis respuestas a las preguntas," dice Lena al profesor, y le entrega la tarea de examen.
"Bien," el profesor mira a Lena. Se acuerda

Professor Leonidas

David studiert im College, er ist am Institut für Journalismus. Professor Leonidas unterrichtet am Institut für Journalismus. Er ist Grieche und unterrichtet Geschichte. Professor Leonidas hat den Spitznamen Zeus, weil er beim Unterrichten sehr emotional wird, großartige lange Haare und große schwarze Augen hat.
Heute hat David einen Geschichtstest. Er mag das Unterrichtsfach. Er liest viel und bekommt immer gute Noten.
David betritt das Zimmer und nimmt die Testaufgaben. Er setzt sich an den Tisch und macht die Aufgaben. Die Fragen sind nicht schwer. Lena sitzt neben David. Lena kommt nur selten zu den Vorlesungen von Professor Leonidas. Lena mag Geschichte nicht. Sie wartet darauf, dass sie an der Reihe ist. Dann geht Lena zu Professor Leonidas Tisch und setzt sich auf einen Stuhl.
„Das sind meine Antworten auf die Fragen", sagt Lena zum Professor und gibt ihm die Testaufgaben.
„Gut", der Professor sieht Lena an. Er kann sich gut daran erinnern, dass Lena seine Vorlesungen

perfectamente de que Lena no asiste a sus clases, "Lena es probablemente una buena estudiante y estudia bastante," piensa el profesor Leónidas. Pero aún así quiere entrevistar a la chica.

"Lena, ¿Quién es el principal dios griego?" pregunta el profesor. Lena se queda en silencio. No lo sabe. El profesor Leónidas está esperando. Julia se sienta en el pupitre de delante. Julia quiere darle una pista. Lena mira hacia Julia. Y Julia secretamente señala con un dedo al profesor Leónidas.

"Leónidas es el principal dios griego," dice Lena. Los estudiantes se parten de risa. El profesor Leónidas la mira con el ceño fruncido. A continuación mira hacia el techo y ordena sus pensamientos.

"Si te refieres a Leónidas, el rey de Esparta, no era un dios. Aunque también fue un gran griego. Si te refieres a mí, entonces me siento como un dios solamente en mi cocina, cuando preparo un plato nacional griego," el profesor Leónidas mira a Lena atentamente, "Pero en cualquier caso, gracias por tu atrevida suposición."

El profesor Leónidas les cuenta a sus colegas unos pocos días después que él es el principal dios griego. El profesor se ríe más fuerte que nadie. Y Lena aprendió los nombres de todos los griegos más famosos y se enamoró de la historia de Grecia.

nicht besucht. „Lena ist wahrscheinlich auch eine gute Studentin und lernt gut", denkt Professor Leonidas. Aber er möchte das Mädchen trotzdem abprüfen.
„Lena, wer ist der wichtigste griechische Gott?", fragt der Professor. Lena ist still. Sie weiß es nicht. Professor Leonidas wartet. Julia sitzt am Tisch in der ersten Reihe. Sie möchte ihr einen Hinweis geben. Lena sieht Julia an. Und Julia zeigt heimlich mit dem Finger auf Professor Leonidas.
„Leonidas ist der wichtigste griechische Gott", sagt Lena. Die Studenten lachen. Professor Leonidas sieht sie mit einem Stirnrunzeln an. Dann schaut er auf die Decke und sammelt seine Gedanken.

„Vielleicht meinst du Leonidas, den König von Sparta, aber das war kein Gott. Obwohl er auch ein großer Grieche war. Vielleicht meinst du mich, aber ich fühle mich nur wie ein Gott, wenn ich in meiner Küche stehe und ein griechisches Nationalgericht zubereite", sagt Professor Leonidas und sieht Lena aufmerksam an. „Danke trotzdem für den gewagten Versuch."
Professor Leonidas erzählt seinen Kollegen einige Tage später, dass er der wichtigste griechische Gott ist. Der Professor lacht am lautesten von allen. Und Lena hat die Namen aller berühmtesten Griechen gelernt und hat sich dabei in die Geschichte Griechenlands verliebt.

10

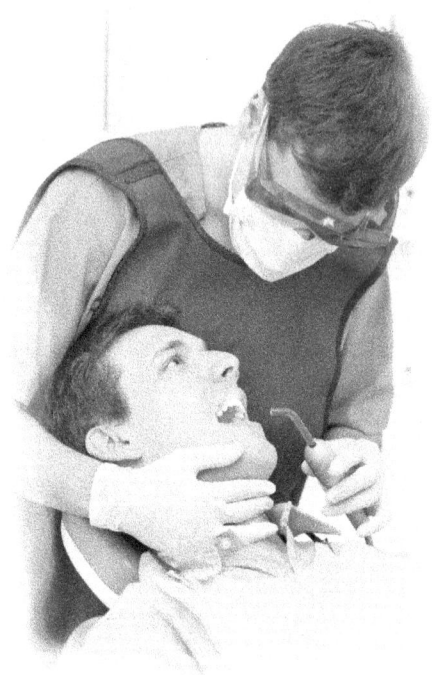

En el dentista
Beim Zahnarzt

A

Palabras
Vokabeln

1. abierta - offen
2. antes - bevor
3. antes - früher
4. arreglar - reparieren
5. boca - Mund
6. cerrar - schließen
7. clase - Unterricht
8. cliente - Kunde
9. con satisfacción - zufrieden
10. conocido - bekannt
11. construcción - Bau
12. constructores - Bauarbeiter
13. consulta - Arztpraxis
14. correctamente - richtig
15. de constructor - des Bauarbeiters
16. de nada - bitte
17. defecto - Defekt
18. dental - dental, Zahn-
19. dentista - Zahnarzt
20. diente - Zahn
21. doctor - Arzt
22. dolor de muelas - Zahnschmerzen
23. eliminar - beheben (hier), eliminieren, löschen

24. empresa - Firma
25. escribe - (er, sie, es) schreibt
26. está de acuerdo - (er, sie, es) ist einverstanden
27. golpea - (er, sie, es) klopft
28. hospital - Spital, Krankenhaus
29. instalar - installieren
30. jefe - Chef
31. ligeramente - ein wenig
32. mal - schlecht
33. mandíbula - Kiefer
34. manos - Hände
35. mucho - viel (mucho distancia - weit)
36. nada - nichts
37. pérdida - Verlust
38. por favor - bitte
39. porque - weil
40. que - als
41. recuerda - (er, sie, es) erinnert
42. se lava - (er, sie, es) wäscht sich
43. se sienta - (er, sie, es) setzt sich
44. solicitar - bewerben
45. términos - Bedingungen
46. trabajo - Job
47. trata - (er, sie, es) behandelt

 **B**

En el dentista

David tiene un amigo llamado Víctor. David y Víctor han sido amigos mucho tiempo. Víctor trabaja en una empresa de construcción. Instala puertas en apartamentos nuevos. A Víctor no le gusta su trabajo. Quiere estudiar en la facultad también. Víctor sale más temprano del trabajo porque asiste a la escuela nocturna. Se prepara para solicitar plaza en la facultad. Pero Víctor le pide a su jefe hoy que le deje salir no para ir a clase, sino al hospital. Víctor tiene dolor de muelas. Ha tenido dolor de muelas durante dos días. Llega al hospital y entra en la consulta dental.
"¡Hola, doctor!" dice Víctor.
"¡Hola!" responde el doctor.
"Doctor, me parece que nos hemos conocido antes," dice Víctor.
"Puede ser," responde el doctor. Víctor se sienta en una silla y abre mucho la boca El doctor trata el diente de Víctor. Todo va bien. El doctor se lava las manos y dice: "Su diente ahora ya está sano. Puede irse."
Pero Víctor no puede decir nada porque su boca no se cierra. Víctor señala su boca.
"Ya veo," dice el doctor, "¡No se preocupe! En términos de constructor, esto se llama defecto. Puedo arreglar este defecto mañana," contesta el doctor.

Beim Zahnarzt

David hat einen Freund, der Victor heißt. David und Victor sind seit einer langen Zeit befreundet. Victor arbeitet bei einer Baufirma. Er installiert Türen in neuen Wohnungen. Victor mag seinen Job nicht. Er möchte auch am College studieren. Victor geht früh von der Arbeit, weil er eine Abendschule besucht. Er bereitet sich darauf vor, sich an einem College zu bewerben. Aber Victor bittet seinen Chef heute nicht, ihn zum Unterricht gehen zu lassen, sondern ins Spital. Victor hat Zahnschmerzen. Er hat seit zwei Tagen Zahnschmerzen. Er geht in das Spital, in die Zahnklinik.
„Hallo, Herr Doktor!" sagt Victor.
„Hallo!", antwortet der Arzt.
„Herr Doktor, ich glaube, dass wir uns schon irgendwo einmal getroffen haben", sagt Victor.
„Vielleicht", antwortet der Arzt. Victor setzt sich in einen Stuhl und öffnet seinen Mund weit. Der Arzt behandelt Victors Zahn. Alles geht gut. Der Arzt wäscht seine Hände und sagt: „Ihr Zahn ist jetzt gesund. Sie können gehen."
Aber Victor kann nichts antworten, weil er seinen Mund nicht schließen kann. Victor zeigt auf den Mund.
„Ich verstehe", sagt der Arzt, „mach dir nichts daraus! Auch ein Bauarbeiter würde das einen Defekt nennen. Ich kann den Defekt morgen reparieren", antwortet er Arzt.

En ese momento Víctor recuerda que el doctor es cliente de su empresa. Víctor instaló mal una puerta en casa del doctor. La puerta del doctor no se cierra. Víctor escribe una nota al doctor: "Iré a su casa ahora mismo e instalaré la puerta correctamente."
El doctor está de acuerdo. Víctor y el doctor toman un taxi. Víctor se sienta en el taxi con la boca abierta y mira tristemente por la ventanilla. Llegan a la casa del doctor. Víctor arregla el defecto con la boca abierta. El doctor no se lo agradece a Víctor. Golpea ligeramente a Víctor en la mandíbula y la boca se le cierra. Víctor está feliz.
"¡Gracias, doctor!" le dice al doctor, "Usted elimina los defectos mejor que los constructores. Lo hace sin pérdida de tiempo," dice Víctor.
"De nada," dice el doctor con satisfacción, "Venga cuando necesite ayuda, por favor."

In diesem Moment erinnert sich Victor daran, dass der Arzt ein Kunde seiner Firma ist. Victor hat die Tür im Haus des Arztes schlecht installiert. Die Tür des Arztes lässt sich nicht schließen. Victor schreibt dem Arzt eine Notiz: „Ich werde sofort zu Ihnen fahren und die Tür richtig installieren."
Der Arzt ist einverstanden. Victor und der Arzt nehmen ein Taxi. Victor sitzt mit offenem Mund im Taxi und schaut traurig durch das Autofenster. Sie kommen zum Haus des Arztes. Victor behebt den Fehler mit offenem Mund. Der Arzt bedankt sich nicht bei Victor. Er klopft Victor ein wenig auf den Kiefer und der Mund schließt sich. Victor ist glücklich.
„Danke, Herr Doktor!", sagt er zum Arzt, „Sie beheben Fehler besser als Bauarbeiter. Sie machen es, ohne Zeit zu verlieren", sagt Victor.
„Gern geschehen", sagt der Arzt zufrieden, „du kannst gerne wiederkommen, wenn du Hilfe brauchst."

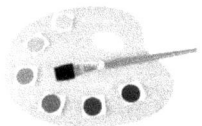

11

¡La justicia triunfa!
Gerechtigkeit siegt!

Palabras
Vokabeln

1. a menudo - oft
2. aceptable - akzeptabel
3. admito - (er, sie, es) gibt zu, (er, sie, es) lässt zu; gestattet
4. alabar - loben
5. alegremente - fröhlich
6. aparece - wird sichtbar
7. asombro - Erstaunen
8. astutamente - verschmitzt, erschlichen
9. aula - Klassenzimmer
10. autor - Autor
11. aventuras - Abenteuer
12. baja - niedrig
13. cambiar - ändern
14. chico - Junge
15. clase - Unterricht
16. composición - Aufsatz
17. comprobar - überprüfen
18. concepto - Konzept
19. concluye - abschließen
20. continúa - weitermachen
21. copiando - kopieren
22. copié - (er, sie, es) kopierte
23. cualquier - irgendjemand
24. cualquier - irgendein, etwas
25. cuidadosamente - genau, sorgfältig
26. dado - gegeben
27. decidí - ich beschloss
28. desconsideradamente - gedankenlos
29. descubrir - erwischen (hier), entdecken
30. dubitativamente - zögerlich
31. escrito - geschrieben
32. escritor - Schriftsteller
33. especialmente - besonders
34. espíritu - Stimmung (hier), Geist
35. estilo - Stil
36. estrictamente - streng
37. estropear - ruinieren
38. excelente - großartig
39. experiencia - Erfahrung

40. fácil - verständlich, leicht
41. fácilmente - einfach
42. forma - Art
43. habla - (er, sie, es) spricht
44. haces la pelota - du schmeichelst
45. hagas trampa - du mogelst
46. hice - (er, sie, es) tat
47. honestamente - ehrlich
48. impresionado - beeindruckt
49. inglesa - englische
50. inteligencia - Intelligenz
51. inteligente - intelligent
52. justicia - Gerechtigkeit
53. literatura - Literatur
54. lleva - (er, sie, es) hält, bringt, trägt
55. mal - schlecht
56. más - mehr
57. más alta - höchste
58. mereció - verdient
59. mí mismo - ich selbst
60. miedo - Angst
61. nivel - Niveau
62. obra maestra - Meisterwerk
63. pasa - (er, sie, es) kommt vorbei
64. profesor - Lehrer
65. querido - Lieber
66. quiere decir - bedeutet
67. recuerdas - due erinnerst
68. redacciones - Essays, Aufsätze
69. residencia - Studentenwohnheim
70. se marcharon - verließen
71. seriamente - ernst
72. suficiente - genug
73. supe - (er, sie, es) wusste
74. tareas - Hausaufgabe
75. tema - Thema
76. triunfa - (er, sie, es) siegt
77. vago - faul

B

¡La justicia triunfa!

Robert vive en la residencia. Tiene muchos amigos. Todos estudiantes como él. Pero los profesores saben que a veces Robert es vago. Por eso lo tratan más estrictamente que a otros estudiantes.
Es la primera clase de literatura inglesa para Robert hoy. Los estudiantes estudian cuidadosamente la obra de Charles Dickens. Este escritor se hizo famoso con obras como Las aventuras de Oliver Twist, Dombey e hijo, David Copperfield, etc.
El profesor tiene que revisar las tareas hoy. El profesor entra en el aula. Lleva el trabajo de los estudiantes en las manos.
"Hola. Sentaos, por favor," dice el profesor, "Estoy satisfecho con vuestras redacciones. Me gusta especialmente el trabajo de Robert. Te admito honestamente que nunca he leído un trabajo mejor sobre Dickens. Excelente concepto, escritura aceptable, estilo sencillo. Ni la nota más alta es suficiente en este caso."

Gerechtigkeit siegt!

Robert wohnt im Studentenwohnheim. Er hat viele Freunde. Alle Studenten mögen ihn. Aber die Lehrer wissen, dass Robert manchmal faul ist. Deshalb behandeln sie Robert strenger, als andere Studenten. Roberts erster Unterricht heute ist englische Literatur. Die Studierenden beschäftigen sich genau mit der Arbeit von Charles Dickens. Dieser Schriftsteller wurde durch Bücher wie die Abenteuer von Oliver Twist, Dombey und Sohn, David Copperfield und andere berühmt.
Der Lehrer muss heute die Essays, die Hausaufgabe waren, korrigiert zurückgeben. Der Lehrer betritt das Klassenzimmer. Er hält die Arbeiten der Studenten in seinen Händen.
„Hallo. Setzt euch, bitte", sagt der Lehrer. „Ich bin mit euren Essays zufrieden. Ganz besonders mag ich Roberts Arbeit. Ich gebe ehrlich zu, dass ich noch nie eine bessere Arbeit über Dickens gelesen habe. Ein großartiges Konzept, kompetent geschrieben und ein verständlicher Stil. Sogar die beste Note reicht hier nicht aus."
Die Studenten staunen mit offenem Mund. Leute sagen

Los estudiantes abren la boca con asombro. La gente no suele decir esas cosas sobre Robert. Después el profesor habla sobre otros trabajos, pero no alaba a nadie de la misma manera. Luego entrega los trabajos a los estudiantes. Cuando pasa a Robert, le dice: "Ven a verme después de clase, por favor." Robert está sorprendido. Va a ver al profesor después de clase. Los estudiantes ya se marcharon del aula.

"Robert, eres buen chico e inteligente," dice el profesor, "Incluso me recuerdas a mí mismo en algunas cosas. Yo también estudié en esta facultad. Y viví en la misma residencia que tú."
Robert no comprende qué quiere decir el profesor. Pero el profesor lo mira astutamente y continúa: "Yo también busqué trabajos de estudiantes antiguos. Pero copié de ellos solo un poquito para sentir el espíritu de un tema. Nunca copié todo desconsideradamente como hiciste tú."
El miedo aparece en los ojos de Robert.
"Eso es, querido. No solo has copiado el trabajo de otra persona, has copiado un trabajo escrito por mí hace mucho tiempo," continúa el profesor.
"¿Entonces por qué me ha dado la nota más alta, profesor?" pregunta Robert dubitativamente.
"¡Porque entonces me dieron una nota baja! ¡Y siempre supe que merecía una nota mucho mejor! ¡¡Y aquí ahora triunfa la justicia!!" ríe el profesor alegremente.
"Cuando estaba copiando su composición, me impresionó el nivel de inteligencia del autor," dice Robert, "así que decidí no cambiar nada para no estropear esta obra maestra, profesor," Robert mira al profesor a los ojos.
"Haces muy mal la pelota, Robert," responde el profesor mirando a Robert seriamente, "Vete y recuerda que cada vez que hagas trampa, yo lo descubriré fácilmente porque he tenido mucha experiencia. ¿Está claro?" concluye el profesor.

solche Dinge nicht oft über Robert. Dann spricht der Lehrer über andere Arbeiten, aber er lobt niemanden auf die gleiche Art. Dann verteilt er die Arbeiten an die Studenten. Als er bei Robert vorbeikommt, sagt er zu ihm: „Komm nach dem Unterricht bitte zu mir." Robert ist überrascht. Nach dem Unterricht geht er zum Lehrer. Die anderen Studenten haben das Klassenzimmer schon verlassen.

„Robert, du bist ein intelligenter und guter Junge", sagt der Lehrer, „du erinnerst mich sogar auf gewisse Art an mich selbst. Ich habe auch an diesem College studiert. Und ich habe im gleichen Studentenwohnheim gewohnt wie du."
Robert versteht nicht, was der Lehrer sagen will. Aber der Lehrer sieht ihn verschmitzt an und spricht weiter: „Ich habe mir auch die Tests der früheren Studenten angesehen. Aber ich habe von ihnen nur ein wenig abgeschrieben, um die Stimmung eines Themas zu spüren. Und ich habe nie alles so gedankenlos abgeschrieben wie du."
In Roberts Augen wird Angst sichtbar.
„Das ist es, mein Lieber. Du hast nicht nur die Arbeit von jemand anderem abgeschrieben, du hast eine Arbeit abgeschrieben, die ich selbst vor einer langen Zeit verfasst habe", spricht der Lehrer weiter.
„Aber warum haben Sie mir dann die beste Note gegeben, Professor?", fragt Robert zögerlich.
„Weil ich damals eine schlechte Note dafür bekommen habe! Und ich wusste immer, dass ich eine viel bessere Note verdient hätte! Jetzt siegt die Gerechtigkeit!!", sagt der Lehrer und lacht fröhlich.
„Als ich ihren Aufsatz abgeschrieben habe, war ich vom Intelligenzniveau des Autors beeindruckt", sagt Robert. „Deshalb habe ich beschlossen nichts zu ändern, um dieses Meisterwerk nicht zu ruinieren, Herr Professor", sagt Robert und sieht dem Lehrer in die Augen.
„Du schmeichelst sehr schlecht, Robert", antwortet der Lehrer und sieht Robert ernst an. „Geh jetzt und merk dir, dass ich dich jedes Mal ganz einfach erwischen werde, wenn du mogelst, weil ich sehr viel Erfahrung habe. Ist das klar?", sagt der Lehrer abschließend.

12

¿Dónde está el mar?
Wo ist das Meer?

A

Palabras
Vokabeln

1. asiente - (er, sie, es) nickt
2. banco - Bank
3. bañador - Badeanzug
4. bastante - ziemlich
5. calle - Straße
6. capital - Hauptstadt
7. carretera - Straße
8. comida - Essen
9. completamente - ganz
10. cruce - Kreuzung
11. cumplido - Kompliment
12. diez - zehn
13. diferente - anders
14. dirección - Richtung
15. encontrar - finden
16. escucha - (er, sie, es) hört zu
17. espera - (er, sie, es) wartet
18. fin de semana - Wochenende
19. final - Ende
20. fuimos - wir gingen
21. hebreo - Hebräisch
22. hecho - gemacht (Kompliment)
23. hombre - Mann
24. hotel - Hotel
25. Jerusalén - Jerusalem
26. lleva - (er, sie, es) führt
27. mar - Meer
28. martes - Dienstag
29. más grande - größte
30. medio - halbe
31. mercado - Markt
32. nadar - schwimmen
33. padre - Vater
34. pasan - sie gehen vorbei (Plural)
35. perdido - verlaufen
36. podría - (er, sie, es) könnte
37. prepara - (er, sie, es) kocht
38. pueblo - Stadt, Dorf

39. reconozco - ich erkenne wieder
40. suerte - Glück
41. sugiere - (er, sie, es) schlägt vor
42. teléfono - Handy, Telefon
43. tía - Tante
44. timbre de la puerta - Türglocke, Klingel
45. toalla - Handtuch
46. tomar el sol - sonnenbaden
47. vecino - Nachbar
48. veinte - zwanzig
49. viajando - reisend
50. visitando - besuchend; esta visitando - (er, sie, es) besucht gerade

B

¿Dónde está el mar?

Anna, la amiga de David, está viajando a Israel para visitar a su tía y a su tío este verano. La tía se llama Yael, y el nombre del tío es Nathan. Tienen un hijo llamado Ramy. Nathan, Yael y Ramy viven en Jerusalén. Jerusalén es la capital y la ciudad más grande de Israel. A Anna le gusta estar allí. Va al mar todos los fines de semana con su tío y su tía. A Anna le gusta nadar y tomar el sol.
Hoy es martes. El tío Nathan va a trabajar. Es médico. La tía Yael prepara la comida para toda la familia. Anna tiene muchas ganas de ir al mar, pero le da miedo ir sola. Sabe hablar bien inglés, pero no sabe nada de hebreo. Anna tiene miedo de perderse. Oye sonar el timbre de la puerta.
"Es tu amiga Nina," dice la tía Yael. Anna está muy contenta de que su amiga viniera a verla. Nina vive en Kiev. Está visitando a su padre. Su padre es vecino del tío Nathan. Nina habla inglés lo suficientemente bien.
"Vamos al mar," sugiere Nina.
"¿Cómo sabremos el camino?" pregunta Anna.
"Es Israel. Aquí casi todo el mundo habla inglés," responde Nina.
"Espera un minuto, cogeré un bañador y una toalla," dice Anna. Diez minutos más tarde las chicas salen. Un hombre con un niño camina hacia ellas.
"Perdone, ¿cómo podemos ir al mar?" le pregunta Anna en inglés.
"¿Hija del Mar?" pregunta el hombre. Anna está contenta de que el hombre le haga un

Wo ist das Meer?

*Anna, eine Freundin von David, reist diesen Sommer nach Israel, um ihre Tante und ihren Onkel zu besuchen. Ihre Tante heißt Yael und der Name ihres Onkels ist Nathan. Sie haben einen Sohn, der Ramy heißt. Nathan, Yael und Ramy leben in Jerusalem. Jerusalem ist die Hauptstadt und die größte Stadt Israels. Anna ist gerne dort. Jedes Wochenende geht sie mit ihrem Onkel und ihrer Tante ans Meer. Anna schwimmt gerne und liegt gerne in der Sonne.
Heute ist Dienstag. Onkel Nathan geht arbeiten. Er ist Arzt. Tante Yael kocht für die ganze Familie Essen. Anna möchte sehr gerne zum Meer gehen, aber sie hat Angst alleine zu gehen. Sie kann gut Englisch, aber sie spricht überhaupt kein Hebräisch. Anna hat Angst sich zu verlaufen. Sie hört, dass es an der Tür klingelt.
„Es ist deine Freundin Nina", sagt Tante Yael. Anna freut sich sehr, dass ihre Freundin sie besuchen gekommen ist. Nina lebt in Kiev. Sie besucht gerade ihren Vater. Ihr Vater ist der Nachbar von Onkel Nathan. Nina spricht ganz gut Englisch.
„Lass uns zum Meer gehen", schlägt Nina vor.
„Wie werden wir den Weg finden?", fragt Anna.
„Das ist Israel. Fast jeder hier spricht Englisch", antwortet Nina.
„Warte kurz, ich nehme einen Badeanzug und ein Handtuch mit", sagt Anna. Zehn Minuten später verlassen die Mädchen das Haus. Ein Mann mit einem Kind kommt ihnen entgegen.
„Entschuldigen Sie, wie kommen wir ans Meer?", fragt ihn Anna auf Englisch.
„Tochter des Meeres?", fragt der Mann. Anna freut sich, dass der Mann ihr ein Kompliment macht. Sie nickt.*

cumplido. Asiente con la cabeza.
"Está bastante lejos. Id hasta el final de la calle y después girad a la derecha. Al llegar al cruce, girad a la derecha otra vez. Buena suerte," dice el hombre.
Anna y Nina caminan durante veinte minutos. Pasan por delante de un mercado. Después pasan por delante de un hotel.
"No reconozco este hotel. Cuando fuimos al mar con mi papá no lo vi," dice Nina.
"Vamos a preguntar la dirección otra vez," propone Anna.
"Este camino lleva al mar, ¿verdad?" pregunta Nina a un vendedor.
"Sí, Hija del Mar," asiente el vendedor.
"Es muy extraño. Nos han hecho a ti y a mí el mismo cumplido dos veces hoy," le dice Anna a Nina. Las chicas están sorprendidas. Caminan por la carretera durante media hora.
"Me parece que ya hemos estado en una calle con el mismo nombre," dice Anna.
"Sí, pero las casas que hay por aquí parecen completamente diferentes," responde Nina.
"¿Podría decirnos cuánto tiempo lleva llegar al mar desde aquí?" pregunta Nina a una mujer con un perro.
"¿Hija del Mar?" pregunta la mujer. Nina está sorprendida. Las mujeres nunca le han hecho cumplidos antes. Asiente.
"Ya estáis aquí," dice la mujer, y sigue andando. Anna y Nina miran a su alrededor. Hay algunas casas a la derecha. A la izquierda hay una carretera.
"¿Dónde está el mar aquí?" pregunta Anna. Nina no responde. Saca su teléfono y llama a su padre. El padre le pide a Nina que le cuente toda la historia. La chica le cuenta todo, después escucha a su padre y se ríe.
"Anna, mi padre dice que llegamos a otra ciudad. Parece que nadie nos hizo cumplidos. Pensaban que íbamos a un pequeño pueblo, llamado Hija del Mar. Es Bat Yam en hebreo," dice Nina. Ahora Anna se ríe también. Las chicas van a un parque y se sientan en un banco. El padre de Nina llega al cabo de una hora y las lleva al mar.

„Es ist ziemlich weit entfernt. Geht bis zum Ende der Straße und biegt dann rechts ab. Wenn ihr zur Kreuzung kommt, biegt ihr noch einmal rechts ab. Viel Glück", sagt der Mann.
Anna und Nina gehen zwanzig Minuten lang. Sie gehen an einem Markt vorbei. Dann gehen sie an einem Hotel vorbei.
„Ich erkenne das Hotel nicht wieder. Als wir mit meinem Vater ans Meer gefahren sind, habe ich es nicht gesehen", sagt Nina.
„Lass uns noch einmal nach dem Weg fragen", schlägt Anna vor.
„Dieser Weg führt ans Meer, oder?", fragt Nina einen Verkäufer in einem Laden.
„Ja, Tochter des Meeres", nickt der Verkäufer.
„Das ist sehr seltsam. Sie haben dir und mir heute zwei Mal das gleiche Kompliment gemacht", sagt Anna zu Nina. *Die Mädchen sind überrascht. Sie gehen eine halbe Stunde die Straße entlang.*
„Ich glaube, dass wir schon in einer Straße mit dem gleichen Namen gewesen sind", sagt Anna.
„Ja, aber die Häuser hier sehen ganz anders aus", antwortet Nina.
„Könnten Sie uns sagen, wie lange es dauert, von hier zum Meer zu gehen?", fragt Nina eine Frau mit einem Hund.
„Tochter des Meeres?", fragt die Frau. *Nina ist überrascht. Sie hat noch nie zuvor Komplimente von Frauen bekommen. Sie nickt.*
„Ihr seid schon hier", sagt die Frau und geht weiter. *Anna und Nina sehen sich um. Rechts stehen einige Häuser. Links ist eine Straße.*
„Wo ist hier das Meer?", fragt Anna. *Nina antwortet nicht. Sie nimmt ihr Handy heraus und ruft ihren Vater an. Der Vater bittet Nina ihm die ganze Geschichte zu erzählen. Das Mädchen erzählt ihm alles, dann hört sie ihrem Vater zu und lacht.*
„Anna, mein Vater sagt, dass wir in eine andere Stadt gegangen sind. Am Ende hat uns doch niemand irgendwelche Komplimente gemacht. Sie dachten, dass wir in eine kleine Stadt wollten, die Tochter des Meeres heißt. Bat Yam auf Hebräisch", sagt Nina. *Jetzt lacht auch Anna. Die Mädchen gehen in einen Park und setzten sich auf eine Bank. Eine Stunde später kommt Ninas Vater und bringt sie ans Meer.*

13

Un pequeño trabajo
Ein kleiner Job

Palabras
Vokabeln

1. al azar - zufällig
2. astuto - verschmitzt
3. asuntos - Angelegenheiten
4. atención - Achtung
5. beben - sie trinken (Plural)
6. cada - jede
7. caprichoso - launisch
8. cocodrilo - Krokodil
9. cosa - Ding
10. cuarto - vierte
11. deja caer - (er, sie, es) lässt fallen
12. dinero - Geld
13. divertida - lustig
14. durante - während
15. empleado - Angestellte
16. en vez de - statt
17. examen - Prüfung
18. exposición - Ausstellung
19. ganar - verdienen
20. guarda - Wächter
21. importante - wichtig
22. malo - böse
23. más fácil - einfacher
24. mezclado - verwechselt (hier), vermischt
25. mordedor - beissende (hier), Beißer
26. ocupado - beschäftigt
27. pelota - Ball
28. poco - bisschen
29. poner - setzen, legen, stellen
30. quinto - fünfte
31. segundo - zweite
32. tarea - Aufgabe
33. tercero - dritte
34. una vez - einmal
35. valiente - mutig

Un pequeño trabajo

Una cosa divertida le ocurrió a Robert en el verano. Aquí está lo que pasó. Robert decidió ganar algún dinero como guarda durante el verano. Vigilaba una exposición de gatos. Una vez le asignaron una tarea importante a Robert. Tenía que meter los gatos en jaulas. También tenía que escribir el nombre de cada gato en cada una de las jaulas.
"De acuerdo," dice Robert, "¿Cómo se llaman estos gatos tan bonitos?"
"El gato de la izquierda es Tom, el siguiente es Jerry, Mickey está detrás, Snickers y Baron están a la derecha," le explica un empleado de la exposición. Todos se van y Robert se queda solo con los gatos. Quiere tomar un té. Se bebe el té y mira para los gatos. El primer gato se está limpiando. El segundo está mirando por la ventana. El tercero y el cuarto están paseando por la habitación. Y el quinto gato se acerca a Robert. De repente le muerde en la pierna. Robert deja caer la taza. La pierna le duele mucho.
"¡Eres un gato malo, muy malo!" grita, "No eres un gato. ¡Eres un auténtico cocodrilo! No se puede hacer eso. ¿Eres Tom o Jerry? ¡No, eres Mickey! ¿O Snickers? ¿O tal vez Baron?" entonces de repente Robert se da cuenta de que ha mezclado los gatos. No sabe los nombres de los gatos y no puede poner a cada gato en su jaula. Robert empieza a pronunciar los nombres de los gatos.
"¡Tom! ¡Jerry! ¡Mickey! ¡Snickers, Baron!" pero los gatos no le prestan atención. Están ocupados en sus propios asuntos. Dos gatos están jugando con una pelota. Otro está bebiendo agua. Y los otros fueron a comer algo. ¿Cómo puede recordar los nombres de los gatos ahora? Y no hay nadie para ayudar a Robert. Todo el mundo se fue ya a casa. Entonces Robert llama "¡Gatito gatito!" Todos los gatos se giran a la vez hacia Robert. ¿Qué hacer ahora? Todos los gatos miran para

Ein kleiner Job

Diesen Sommer ist Robert etwas Lustiges passiert. Und zwar folgendes. Robert beschloss während des Sommers ein wenig Geld als Wächter zu verdienen. Er bewachte eine Katzenausstellung. Einmal bekam Robert eine wichtige Aufgabe übertragen. Er musste die Katzen in die Käfige sperren. Er musste auch den Namen jeder Katze auf den jeweiligen Käfig schreiben.
„In Ordnung", sagt Robert, „wie heißen diese großartigen Katzen?"
„Die Katze links ist Tom, neben ihm ist Jerry, Mickey sitzt hinten, Snickers und Baron sind rechts", erklärt ihm ein Angestellter der Ausstellung. Alle gehen und Robert bleibt mit den Katzen alleine. Er möchte Tee trinken. Er trinkt Tee und schaut die Katzen an. Die erste Katze putzt sich gerade. Die zweite schaut aus dem Fenster. Die dritte und vierte gehen durch das Zimmer. Die fünfte kommt auf Robert zu. Plötzlich beißt sie ihn in das Bein. Robert lässt die Tasse fallen. Sein Bein tut sehr weh.

„Du bist eine böse Katze, sehr böse!", schreit er, „Du bist keine Katze. Du bist wirklich ein Krokodil! Das kannst du nicht machen. Bist du Tom oder Jerry? Nein, du bist Mickey! Oder Snickers? Oder vielleicht Baron?", dann bemerkt Robert plötzlich, dass er die Katzen verwechselt. Er weiß die Namen der Katzen nicht und kann sie nicht in die richtigen Käfige sperren. Robert beginnt, die Namen der Katzen zu rufen.
„Tom! Jerry! Mickey! Snickers, Baron!", aber die Katzen beachten ihn nicht. Sie sind mit sich selbst beschäftigt. Zwei Katzen spielen mit einem Ball. Eine andere trinkt gerade Wasser. Und die anderen fressen gerade etwas. Wie soll er sich jetzt an die Namen der Katzen erinnern? Und es gibt niemanden, der Robert helfen könnte. Alle sind schon nach Hause gegangen. Dann schreit Robert „Miez, miez!". Alle Katzen drehen sich sofort zu Robert um. Und was jetzt? Alle Katzen schauen Robert an, drehen sich dann um und setzten sich

Robert, después se dan la vuelta y se sientan junto a la ventana. Se sientan y miran por la ventana.

Todos están allí sentados, y no está claro cuáles son sus nombres. A Robert no se le ocurre nada. Es más fácil aprobar un examen que adivinar el nombre de cada gato.

Entonces Robert decide meter a cada gato en una jaula al azar. Y esto es lo que escribe en las jaulas en lugar de los nombres - Bonito, Valiente, Astuto, Caprichoso. Robert llama al quinto gato, al que le mordió, de esta manera: "¡Precaución! Gato mordedor."

neben das Fenster. Sie sitzen und schauen aus dem Fenster.

Sie sitzen alle dort und man weiß nicht, wie sie heißen. Robert fällt keine Lösung ein. Es ist einfacher, eine Prüfung zu bestehen, als die Namen der Katzen zu erraten.

Dann beschließt Robert jede Katze in irgendeinen Käfig zu sperren. Anstatt ihrer Namen, schreibt er folgendes an die Käfige: Schön, tapfer, schlau, launisch. Robert benennt die fünfte Katze, diejenige, die ihn gebissen hat, folgendermaßen „Achtung! Bissige Katze."

14

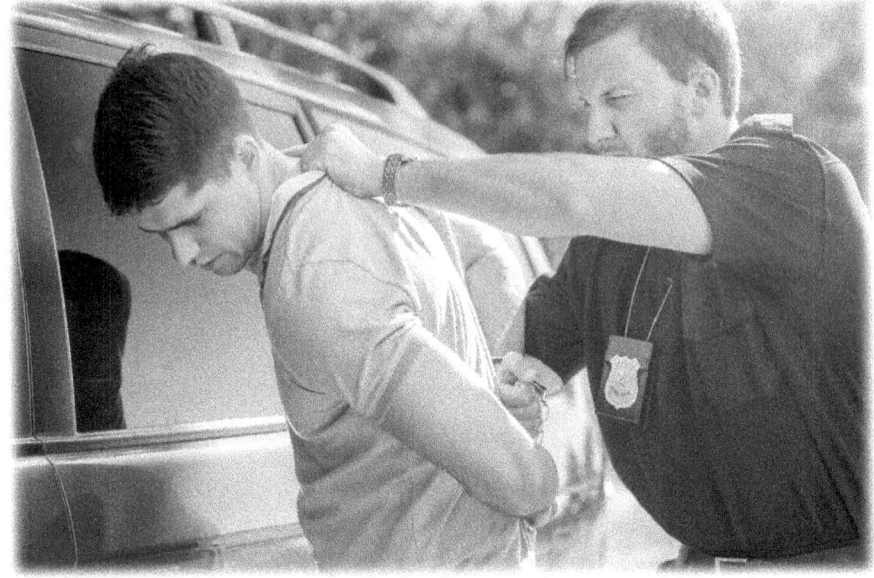

¡Deténgalo!
Halt!

 A

Palabras

1. adelanta - überholt
2. bribón - Schurke
3. bromean - sie machen Spaß (Plural)
4. campo - Arbeitsbereich
5. conductor - Fahrer
6. cuatro - vier
7. cuidadoso - gewissenhaft
8. de primera - erstklassig
9. detener - festnehmen
10. directamente - direkt, gerade
11. edición - Ausgabe
12. entrenado - trainiert
13. felizmente - fröhlich
14. firmemente - fest
15. grita - (er, sie, es) schreit
16. interés - Interesse
17. más - weiter, mehr
18. metro - U-Bahn
19. miércoles - Mittwoch
20. pasa - (er, sie, es) verbringt
21. pedir - fragen (hier), bitten
22. perder - verlieren
23. periódico - Zeitung
24. piscina - Schwimmbad
25. policía - Polizist
26. prisa - Eile
27. profesional - Fachmann
28. público - öffentlichen
29. puertas - Türen
30. que parte - der abfährt
31. reparado - repariert
32. revistas - Zeitschriften
33. se quedan - sie bleiben (Plural)
34. señora - Madame

35. siendo - sein,
36. sueldo - Gehalt
37. sujetando - festhalten
38. transporte - Verkehrsmittel
39. viernes - Freitag

¡Deténgalo!

David estudia en la facultad. David suele conducir hasta la facultad en su propio coche. Pero ahora su coche está siendo reparado. Así que David va a la facultad en transporte público -primero en autobús, después en metro. Después de las clases David va con sus amigos a una cafetería a comer. Mientras comen, los amigos hablan, bromean y descansan de las clases. Luego David va a la biblioteca y pasa allí cuatro horas. Termina algunas tareas y lee nuevos libros y revistas de su campo de estudio. David es cuidadoso y estudia bastante. Quiere ser un profesional de primera y ganar un buen sueldo. Los miércoles y los viernes David sale de la biblioteca dos horas antes y va a la piscina. David quiere no solo ser un buen profesional, sino un hombre bien entrenado también. Por la noche ve a sus amigos o se va directamente a casa.

Hoy, de camino a casa, compra la última edición del periódico y baja al metro. David sale del metro y ve que su autobús ya está en la parada. Se da cuenta de que llega tarde al bus. Ve una mujer mayor corriendo hacia el autobús. David también empieza a correr. Adelanta a la mujer y corre más. La mujer se da cuenta de que también llega tarde. No quiere perder tiempo y esperar al siguiente bus. Grita a David: "¡Deténgalo!" La mujer quiere que David pida al conductor que detenga el autobús unos segundos. No muy lejos está un policía. Escucha lo que grita la mujer. El policía cree que tiene que detener al hombre tras el que corre la mujer. Agarra a David y lo sujeta firmemente. La mujer corre hasta el bus. "¡Señora, estoy sujetando a este bribón!" dice el policía. La mujer mira hacia el policía con

Halt!

David studiert am College. Normalerweise fährt David mit seinem eigenen Auto zum College. Aber jetzt wird sein Auto gerade repariert. Also nimmt David die öffentlichen Verkehrsmittel, um zum College zu gelangen - erst den Bus, dann die U-Bahn. Nach den Vorlesungen geht David mit seinen Freunden in ein Café um Mittag zu essen. Während des Mittagessens unterhalten sich die Freunde, sie machen Späße und erholen sich vom Unterricht. Dann geht David in die Bibliothek und verbringt dort vier Stunden. Er beendet einige Aufgaben und liest neue Bücher und Zeitschriften aus seinem Arbeitsbereich. David ist gewissenhaft und lernt gut. Er möchte ein erstklassiger Fachmann werden und ein gutes Gehalt verdienen. Am Mittwoch und am Freitag verlässt David die Bibliothek zwei Stunden früher und geht ins Schwimmbad. David möchte nicht nur ein guter Fachmann werden, sondern auch ein gut trainierter Mann sein. Am Abend trifft David seine Freunde oder geht direkt nach Hause.

Heute kauft er auf dem Heimweg die neueste Ausgabe der Zeitung und geht hinunter zur U-Bahn. David verlässt die U-Bahn und sieht, dass der Bus bereits an der Bushaltestelle steht. Er merkt, dass er zu spät zum Bus kommt. Er sieht eine alte Frau, die zum Bus rennt. David beginnt auch zu rennen. Er überholt die Frau und rennt weiter. Die Frau merkt auch, dass sie spät dran ist. Sie möchte keine Zeit verlieren und nicht auf den nächsten Bus waren. Sie schreit zu David: „Halt ihn auf!" Die Frau möchte, dass David den Fahrer bittet, den Bus einige Sekunden länger anzuhalten. Ein Polizist ist nicht weit enfernt vom Bus. Er hört, dass die Frau schreit. Der Polizist denkt, dass er den Mann festnehmen muss, dem die Frau nachrennt. Er fängt David und hält ihn fest. Die Frau rennt zum Bus.

„Madame, ich habe diesen Schurken gefasst", sagt

sorpresa y dice: "¡Quítese del medio, por favor! ¡Tengo prisa!"
Sube felizmente al autobús y las puertas se cierran. David y el policía se quedan en la parada. Y la mujer los mira con interés desde la ventanilla del bus que parte.

der Polizist. Die Frau sieht den Polizisten überrascht an und sagt: „Gehen Sie mir aus dem Weg, bitte! Ich habe es eilig!"

Sie steigt glücklich in den Bus und die Türen schließen. David und der Polizist bleiben an der Bushaltestelle. Und die Frau sieht ihnen aus dem Fenster des abfahrenden Busses interessiert nach.

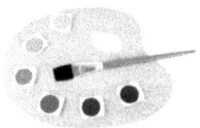

15

Un maravilloso regalo
Ein wunderbares Geschenk

A

Palabras

1. alcanza - erreicht
2. alegremente - vergnügt
3. ata - (er, sie, es) bindet
4. Biblia - Bibel
5. brazos - Arme
6. cerca - nahe
7. cinco - fünf
8. cuerda - Seil
9. dando - geschenkt
10. en dos - auseinander, in zwei
11. escuchando - zuhörend; esta escuchande - (er, sie, es) hört zu
12. está - ist; está en pie - steht
13. gritando - schreiend
14. guardería - Kindergarten
15. hacer - machen
16. intenta - (er, sie, es) versucht
17. leyendo - liest
18. maletero - Kofferraum
19. maravilloso - wunderbar
20. más abajo - niedriger, nach unten
21. mesa - Tisch
22. motor - Motor
23. Navidad - Weihnachten
24. nevando - schneiend
25. oscuro - dunkel
26. peces de colores - Goldfische
27. pintar - malen
28. de puntillas - auf Zehenspitzen
29. responde - (er, sie, es) antwortet

30. reza - (er, sie, es) betet
31. ronroneando - schnurrend
32. San - Heilige
33. se dobla - (er, sie, es) biegt sich
34. se inclina - (er, sie, es) beugt sich
35. se rompe - (er, sie, es) reißt

36. soñando - träumend
37. suavemente - sanft
38. suena - (er, sie, es) klingelt
39. tira - (er, sie, es) zieht
40. vuela - (er, sie, es) fliegt

Un maravilloso regalo

Tina es vecina de David y Nancy. Es una niña pequeña. Tina tiene cinco años. Va a la guardería. A Tina le gusta pintar. Es una niña obediente. La Navidad se acerca y Tina está esperando por los regalos. Quiere un acuario con peces de colores
"Mamá, me gustarían peces de colores por Navidad," le dice Tina a su mamá.
"Reza a San Nicolás. Siempre trae regalos a los niños buenos", responde su mamá.
Tina mira por la ventana. Fuera está oscuro y nieva. Tina cierra los ojos y empieza a soñar con el acuario con peces de colores.
Un coche pasa por delante de la casa y se detiene cerca de la casa siguiente. David conduce. Vive en la casa de al lado. Aparca el coche, sale y va a casa. De repente ve que hay un gatito en un árbol y que está gritando fuertemente.
"¡Baja! ¡Gatito, gatito!" dice David. Pero el gatito no se mueve. "¿Qué hago?" piensa David.
"Sé cómo hacerte bajar," dice David. Abre el maletero y saca una cuerda larga. Después la ata a la rama sobre la que está el gatito. El otro extremo de la cuerda lo ata al coche. David se mete en el coche, enciende el motor y avanza un poquito. La rama se dobla y se inclina hacia abajo. David se acerca a la rama e intenta alcanzar el gatito. Casi lo coge.
David tira de la cuerda ligeramente con la mano y la rama se inclina aún más abajo. David se pone de puntillas y estira la mano. Pero en ese momento la cuerda se rompe en dos y el gatito sale volando hacia otro lado.

Ein wunderbares Geschenk

Tina ist die Nachbarin von David und Nancy. Sie ist ein kleines Mädchen. Tina ist fünf Jahre alt. Sie geht in den Kindergarten. Tina malt gerne. Sie ist ein folgsames Mädchen. Weihnachten kommt bald und Tina wartet auf die Geschenke. Sie möchte ein Aquarium mit Goldfischen.
„Mama, ich hätte gerne Goldfische zu Weihnachten", sagt Tina zu ihrer Mutter.
„Dann musst du zum Hl. Nikolaus beten. Er bringt guten Kindern immer Geschenke", antwortet ihre Mutter.
Tina schaut aus dem Fenster. Draußen ist es dunkel und es schneit. Tina schließt ihre Augen und beginnt von dem Aquarium mit Goldfischen zu träumen.
Ein Auto fährt am Haus vorbei. Es bleibt beim Haus nebenan stehen. David fährt es. Er lebt im Haus nebenan. Er parkt das Auto, steigt aus und geht nach Hause. Plötzlich sieht er, dass ein Kätzchen in einem Baum sitzt und laut miaut.
„Komm runter! Miez, miez!", sagt David. Aber das Kätzchen bewegt sich nicht. „Was soll ich jetzt machen?", denkt David.
„Ich weiß, wie ich es schaffe, dass du herunterkommst", sagt David. Er öffnet den Kofferraum und nimmt ein langes Seil heraus. Dann bindet er das Seil an den Ast, auf dem das Kätzchen sitzt. Das andere Ende des Seils bindet er an sein Auto. David setzt sich in das Auto, startet den Motor und fährt ein kleines Stück. Der Ast biegt sich weiter nach unten. David geht zu dem Ast und versucht das Kätzchen zu erreichen. Er erreicht es beinahe. David zieht leicht mit seiner Hand am Seil und der Ast biegt sich noch weiter nach unten. David steht auf seinen Zehenspitzen und streckt seine Hand aus. Aber in diesem Moment reißt das Seil auseinander und das

"¡Oh-oh!" grita David. El gatito vuela hasta la casa de al lado, donde vive Tina. David corre tras el gatito.

En ese momento, Tina está sentada a la mesa con su mamá. La mamá está leyendo la Biblia y Tina está escuchando atentamente. De repente el gatito entra volando por la ventana. Tina grita con sorpresa.

"¡Mira, mamá! ¡San Nicolás me está dando un gatito!" Grita Tina alegremente. Coge el gatito en sus manos y lo acaricia suavemente. Suena el timbre. La mamá abre la puerta. David está allí.

"¡Buenas noches! ¿Está aquí el gatito?" pregunta David a la mamá de Tina.

"Sí, está aquí," responde Tina. El gatito está entre sus brazos, ronroneando. David ve que la niña está muy contenta.

 "Muy bien. Ha encontrado su hogar, entonces" sonríe David, y vuelve a casa.

Kätzchen fliegt auf die andere Seite.
„Oh oh!", schreit David. Das Kätzchen fliegt zum Nachbarhaus, in dem Tina lebt. David rennt dem Kätzchen nach.
Zu diesem Zeitpunkt sitzt Tina mit ihrer Mutter am Tisch. Die Mutter liest aus der Bibel vor und Tina hört aufmerksam zu. Plötzlich fliegt das Kätzchen durch das Fenster. Tina schreit überrascht.
„Schau, Mama! Der Hl. Nikolaus schenkt mir ein Kätzchen!", schreit Tina vergnügt. Sie nimmt das Kätzchen in ihre Hände und streichelt es sanft. Es klingelt an der Tür. Die Mutter öffnet die Tür. David ist an der Tür.
„Guten Abend! Ist das Kätzchen bei Ihnen?", fragt David Tinas Mutter.
„Ja, es ist hier", antwortet Tina. Das Kätzchen sitzt in ihren Armen und schnurrt. David sieht, dass sich das Mädchen sehr freut.
„Sehr gut. Dann hat es sein zu Hause gefunden", sagt David lächelnd und geht zurück nach Hause.

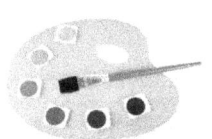

16

Confesiones en un sobre
Geständnisse in einem Briefkuvert

 A

Palabras

1. a sí mismo - sich selbst
2. acompaña - (er, sie, es) begleitet
3. aconseja - (er, sie, es) empfiehlt
4. adecuado - geeignet
5. admira - (er, sie, es) bewundert
6. amanecer - Tagesanbruch
7. ambiente - Umgebung
8. amor - Liebe
9. antigua - alte
10. aperitivo - Snack
11. avión - Flugzeug
12. billete - Ticket
13. bonito - schön
14. brillante - leuchtend
15. café - Kaffee
16. carta - Brief
17. catedral - Kathedrale
18. centro - Zentrum
19. chat - Chat
20. ciudad de residencia - Heimatstadt
21. coge - (er, sie, es) nimmt
22. compone - (er, sie, es) verfasst
23. comprado - gekauft
24. comprendió - (er, sie, es) verstand
25. confesión - Geständnis
26. cuelga - (er, sie, es) legt auf
27. de colores - farbige
28. definitivamente - auf jeden Fall
29. desaparecido - weg, verschwunden
30. desesperado - verzweifelt
31. duramente - schroff
32. edificios - Gebäude
33. e-mail - E-Mail
34. encantadora - bezaubernde
35. enfadada - wütend
36. enrojeciendo - errötet
37. enviarle - senden
38. esa - solch
39. espantoso - grauenvoll
40. estúpida - blöde
41. fans - Fans
42. foro - Forum
43. fríamente - kalt
44. habló - (er, sie, es) hat gesprochen, sprach

45. hechizado - entzückt
46. impresionante - toll
47. impresiones - Eindrücke
48. indiferente - gleichgültig
49. internet - Internet
50. invita - (er, sie, es) lädt ein
51. julio - Juli
52. llegada - Ankunft
53. llegado - angekommen
54. local - lokal
55. lugares de interés - Sehenswürdigkeiten
56. maleta - Koffer
57. más antigua - älteste
58. matarlo - töten
59. mediodía - Mittag
60. mensajero - Zustelldienst
61. mete - (er, sie, es) steckt hinein
62. moderna - modern
63. negocios - Geschäfte
64. pasión - Leidenschaft
65. pena - schade
66. persona - Person
67. poemas - Gedichte
68. poesía - Poesie
69. posible - möglich
70. preparadas - bereit
71. preparar - packen (hier), präparieren, herrichten, zubereiten
72. principios - Anfang (hier), Anfänge
73. reacciona - (er, sie, es) reagiert
74. reciba - (er, sie, es) erhält
75. recomienda - (er, sie, es) empfiehlt
76. regañando - kritisiert
77. reunirnos - uns treffen
78. rojo - rot
79. romántica - romantisch
80. saluda - (er, sie, es) begrüßt
81. se comporta - (er, sie, es) verhält sich
82. sentimientos - Gefühle
83. simplemente - einfach
84. sobre - Briefkuvert
85. tarjetas - Postkarten
86. terriblemente - fürchterlich
87. tímidamente - schüchtern
88. tímido - schüchtern
89. vacaciones - Urlaub
90. varios - verschiedene
91. volar - fliegen
92. vuelo - Flug

Confesiones en un sobre

Robert está interesado en la poesía moderna. Pasa mucho tiempo en internet todos los días. A menudo visita varios foros y chats de poesía allí. Conoce a Elena en un foro de fans de la poesía. También le gusta la poesía. Escribe buenos poemas. Robert admira sus poemas. Y también le gusta mucho Elena. Es estudiante. Es una pena que viva en otra ciudad. Chatean todos los días por internet, pero nunca se han visto el uno al otro. Robert sueña con conocer a Elena.
Un día Elena le escribe que quiere ir a alguna otra ciudad de vacaciones. Dice que quiere cambiar de ambiente y tener nuevas impresiones. Robert la invita con placer. Elena está de acuerdo.

Geständnisse in einem Briefkuvert

Robert interessiert sich für moderne Poesie. Er verbringt täglich viel Zeit im Internet. Er besucht oft verschiedene Foren und Chats über Poesie. In einem Forum für Poesieliebhaber trifft er Elena. Sie mag Poesie auch. Sie schreibt gute Gedichte. Robert bewundert ihre Gedichte. Und er mag auch Elena sehr gerne. Sie ist eine Studentin. Es ist schade, dass sie in einer anderen Stadt wohnt. Sie chatten jeden Tag im Internet, aber sie haben sich noch nie gesehen. Robert träumt davon, Elena zu treffen.
Eines Tages schreibt ihm Elena, dass sie in einer anderen Stadt Urlaub machen möchte. Sie sagt, dass sie einen Umgebungswechsel will und neue Eindrücke sammeln möchte. Robert lädt sie mit Vergnügen ein. Elena stimmt zu.

Llega a principios de julio y se queda en un hotel. Robert está hechizado por ella. Elena es realmente una chica encantadora. El día de su llegada, Robert le enseña los lugares de interés local.
"Esta es la catedral más antigua de la ciudad. Me gusta venir aquí," dice Robert.
"¡Oh, es simplemente impresionante!" responde Elena.
"¿Hay sitios interesantes en tu ciudad de residencia?" pregunta Robert, "Mi hermana Gabi va a volar allí dentro de unos días por negocios. Te pide que la aconsejes sobre dónde puede ir allí," dice.
"El centro de la ciudad es muy bonito," recomienda Elena, "Hay muchos edificios antiguos. Pero si quiere tomar un aperitivo no debería ir a la cafeteria 'Big Bill'. ¡El café allí es espantoso!"
"Definitivamente se lo diré," ríe Robert.
Por la noche, Robert acompaña a Elena al hotel. Después, durante todo el camino a casa piensa en lo que debería hacer. Quiere hablarle a Elena sobre sus sentimientos, pero no sabe cómo hacerlo. Ella se comporta con él como una amiga, y él no sabe cómo reaccionaría ante su confesión. Se siente tímido con ella. Por eso finalmente decide escribirle una confesión de su amor en una carta. Pero no quiere enviarle su carta por e-mail. Le parece que no es adecuado para una chica tan romántica como Elena. Ve postales y sobres de colores en una tienda no muy lejos de casa. A Robert le gustan los sobres rojos brillantes y compra uno. Espera que a Elena también le guste. La hermana de Robert, Gabi, llegó por la noche.
"Bien, ¿te gusta Elena?" pregunta ella.
"Sí, es una chica muy encantadora," responde Robert.
"Me alegro de oírlo. Volaré a su ciudad mañana a mediodía. Ya he comprado un billete," continúa Gabi.
"Te aconseja visitar el centro de la ciudad," dice Robert.
"De acuerdo. Dale las gracias por el consejo, por favor," responde Gabi.
Robert se sienta a la mesa en la sala de estar y

Sie kommt Anfang Juli an und übernachtet in einem Hotel. Robert ist von ihr entzückt. Elena ist wirklich ein bezauberndes Mädchen. Am Tag ihrer Ankunft zeigt Robert ihr die lokalen Sehenswürdigkeiten.
„Das ist die älteste Kathedrale in der Stadt. Ich komme hier gerne her", sagt Robert.
„Oh, hier ist es einfach toll!", antwortet Elena.
„Gibt es interessante Orte in deiner Heimatstadt?", fragt Robert. „Meine Schwester Gabi wird geschäftlich in einigen Tagen dorthin fliegen. Sie bittet dich, ihr einige Orte dort zu empfehlen", sagt er.
„Das Stadtzentrum ist sehr schön", empfiehlt Elena. „Dort gibt es sehr viele alte Gebäude. Aber wenn sie einen kleinen Snack essen will, sollte sie nicht in das Kaffeehaus 'Big Bill' gehen. Der Kaffee ist dort grauenvoll!"
„Das werde ich ihr auf jeden Fall ausrichten", sagt Robert und lacht.
Am Abend begleitet Robert Elena bis zum Hotel. Auf dem ganzen Weg nach Hause denkt er dann darüber nach, was er tun soll. Er möchte Elena von seinen Gefühlen erzählen, aber er weiß nicht, wie er es machen soll. Sie verhält sich wie eine gute Freundin und er weiß nicht, wie sie auf sein Geständnis reagieren würde. In ihrer Nähe ist er schüchtern. Deshalb entscheidet er sich schließlich ihr seine Liebe in einem Brief zu gestehen. Aber er möchte ihr die Botschaft nicht per E-Mail senden. Das scheint ihm nicht passend für so ein romantisches Mädchen wie Elena. In einem Laden in der Nähe von zu Hause sieht er Postkarten und farbige Briefkuverts. Robert mag leuchtend rote Briefkuverts und er kauft eines. Er hofft, dass Elena es auch mögen wird. Roberts Schwester Gabi kommt am Abend.
„Und, magst du Elena?", fragt sie.
„Ja, sie ist ein sehr bezauberndes Mädchen", antwortet Robert.
„Ich freue mich das zu hören. Ich werde morgen Mittag in ihre Stadt fliegen. Ich habe das Ticket schon gekauft", redet Gabi weiter.
„Sie empfiehlt dir, das Stadtzentrum zu besichtigen", sagt Robert.
„In Ordnung. Bedanke dich bitte bei ihr für den Ratschlag", antwortet Gabi.
Robert sitzt die ganze Nacht am Tisch im

compone una confesión de amor a Elena durante toda la noche. Le escribe una larga confesión de amor. Mete la carta en el sobre rojo al amanecer y la deja sobre la mesa. Llama a un mensajero por la mañana y le da la carta. Quiere que Elena reciba su confesión de amor lo antes posible. Robert está muy preocupado, así que sale a dar un paseo. Alrededor de una hora más tarde llama a Elena.
"Buenos días, Lena," la saluda.
"Buenos días, Robert," responde ella.
"¿Ya te ha llegado mi carta?" pregunta, enrojeciendo.
"Sí, me ha llegado," responde fríamente.
"Quizás podríamos reunirnos y dar un paseo." Dice él tímidamente.
"No. Necesito hacer la maleta. Ya me están esperando en casa," dice duramente, y cuelga.
Robert está simplemente desesperado. No sabe qué hacer. Empieza a regañarse a sí mismo por haber escrito la confesión de amor. En ese momento su hermana lo llama. Está terriblemente enfadada.
"Robert, ¿dónde está mi billete de avión? ¡Lo dejé en la mesa de la sala de estar! Estaba en un sobre rojo. ¡Pero ahora ha desaparecido! ¡Allí hay una carta! ¿Cuál es la estúpida broma?" grita Gabi.
Robert no puede creerlo. Ahora todo está claro. Elena ha recibido un billete para el vuelo de hoy a su ciudad por parte del mensajero. Decidió que a Robert no le gusta y que quiere que se marche.
"Robert, ¿por qué estás callado?" Gabi está enfadada, "¿Dónde está mi billete?"
Robert comprendió que hoy dos mujeres a la vez están preparadas para matarlo. Pero está contento de que Elena no se muestre indiferente hacia él. ¡Con qué passion le habló! ¡También tiene sentimientos hacia él! Corre a casa alegremente, coge la confesión de amor de la mesa y corre a Elena a leérsela en persona.

Wohnzimmer und verfasst sein Liebesgeständnis an Elena. Er schreibt ihr ein langes Liebesgeständnis. Bei Tagesanbruch verschließt er den Brief im roten Umschlag und lässt ihn auf dem Tisch liegen. Am Morgen ruft er einen Zustelldienst und gibt ihm den Brief. Er möchte, dass Elena sein Liebesgeständnis so bald wie möglich erhält. Robert macht sich viele Sorgen und deshalb geht er spazieren. Er ruft Elena eine Stunde später an.
„Guten Morgen, Lena", begrüßt er sie.
„Guten Morgen, Robert", antwortet sie ihm.
„Hast du meinen Brief schon bekommen?", fragt er und errötet.
„Ja, habe ich", sagt sie kalt.
„Vielleicht können wir uns treffen und spazieren gehen...", sagt er schüchtern.
„Nein. Ich muss meinen Koffer packen. Zu Hause warten sie schon auf mich", sagt sie schroff und legt auf. Robert ist einfach verzweifelt. Er weiß nicht, was er tun soll. Er beginnt, sich selbst zu kritisieren, weil er das Liebesgeständnis geschrieben hat. In diesem Moment ruft ihn seine Schwester an. Sie ist fürchterlich wütend.
„Robert, wo ist mein Flugticket? Ich habe es auf dem Tisch im Wohnzimmer liegen gelassen! Es war in einem roten Briefkuvert. Aber jetzt ist es weg! Es ist nur ein Brief im Kuvert! Was soll dieser blöde Scherz?!", schreit Gabi.
Robert kann es nicht glauben. Jetzt versteht er alles. Elena hat vom Zustelldienst ein Ticket für den heutigen Flug in ihre Stadt bekommen. Sie war überzeugt davon, dass Robert sie nicht mag und dass er möchte, dass sie die Stadt verlässt.
„Robert, warum sagst du nichts?", sagt Gabi wütend, „wo ist mein Ticket?".
Robert versteht, dass heute zwei Frauen auf einmal bereit sind, ihn zu töten. Aber er freut sich, dass er Elena nicht gleichgültig ist. Wie leidenschaftlich sie mit ihm gesprochen hat! Sie hat auch Gefühle für ihn! Er rennt vergnügt nach Hause, nimmt das Liebesgeständnis vom Tisch und rennt zu Elena, um es ihr persönlich vorzulesen.

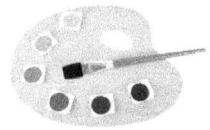

17

Una especialidad de la casa
Eine Spezialität des Hauses

A

Palabras

1. aparearse - ein Paar bilden (hier), sich paaren
2. apetitoso - verlockend
3. avisarla - Bescheid sagen
4. complicado - kompliziert
5. corto - kurz
6. delicioso - köstlich
7. desmayado - ohnmächtig
8. detrás - hinter
9. duro - schwer, hart, fest
10. empezó - begann
11. enfriando - abgekühlt
12. envolverlo - einpacken
13. especialidad - Spezialität
14. freír - braten
15. gente - Leute
16. horno - Backrohr
17. interrumpe - (er, sie, es) unterbricht
18. minutos - Minuten
19. muy - sehr
20. ojos muy abiertos - mit großen Augen
21. papel de aluminio - Aluminiumfolie
22. paquete - Packung
23. patas - Beine (hier), Tatze, Pfote, Pranke
24. picnic - Picknick
25. pollo - Hähnchen
26. ruido - Lärm
27. salpica - (er, sie, es) spritzt
28. sobresaliendo - hervorstehend
29. telefonean - sie rufen an (Plural)
30. terrible - schrecklich
31. trajo - gebracht, brachte
32. urgentemente - dringend

B

Una especialidad de la casa

Gabi cocina un pollo muy bueno con verduras. Es su especialidad. Un día Robert le pide que le cocine este delicioso plato. Robert va a ir de picnic con sus amigos. Quiere complacer a sus amigos con un rico plato. Quiere que Gabi no fría el pollo, sino que lo cocine en el horno. Pero Gabi le sugiere freirlo rápidamente porque no tiene tiempo suficiente. Robert está de acuerdo.
"Gabi, yo no tengo tiempo de venir y recoger el pollo a tiempo," le dice Robert, "Elena vendrá y recogerá el pollo. ¿De acuerdo?"
"De acuerdo," dice Gabi, "Se lo daré a Elena."
Gabi se esfuerza por cocinar bien el pollo con verduras. Es un plato muy complicado, pero Gabi es una excelente cocinera. Finalmente, el pollo está listo. El plato parece muy apetitoso. Gabi mira el reloj. Elena debería venir pronto. Pero de repente telefonean a Gabi desde el trabajo. Hoy Gabi tiene el día libre, pero la gente del trabajo le pide que vaya un rato corto por algún asunto importante. Debería ir urgentemente. También están una vieja niñera y un niño en casa. La niñera empezó a trabajar para ellos hace poco tiempo.
"Necesito salir un momento por negocios," le dice Gabi a la niñera, "Una chica va a venir a buscar el pollo en diez minutos. El pollo ahora se está enfriando. Tendrá que envolverlo en papel de aluminio y dárselo a la chica. ¿De acuerdo?" pregunta.
"De acuerdo," responde la niñera, "No te preocupes, Gabi. Lo haré como dices."
"¡Gracias!" Gabi le da las gracias a la niñera y sale rápidamente por negocios. La chica llega a los diez minutos.
"Hola. Vine a recoger..." dice.
"Lo sé, lo sé," la interrumpe la niñera, "Ya lo hemos freído."

Eine Spezialität des Hauses

Gabi kocht sehr gutes Hähnchen mit Gemüse. Es ist ihre Spezialität. Eines Tages bittet Robert sie, ihm dieses köstliche Gericht zu kochen. Robert wird mit seinen Freunden ein Picknick machen. Er möchte seinen Freunden mit einem leckeren Gericht eine Freude machen. Er will, dass Gabi das Hähnchen nicht brät, sondern im Backrohr bäckt. Aber Gabi bietet ihm an, es schnell zu braten, weil sie nicht genug Zeit hat. Robert ist einverstanden.
„Gabi, ich habe keine Zeit um vorbeizukommen und das Hähnchen rechtzeitig abzuholen", sagt Robert zu ihr, „Elena wird zu dir kommen und das Hähnchen abholen. In Ordnung?"
„In Ordnung", sagt Gabi, „ich werde es Elena geben."
Gabi bemüht sich sehr, das Hähnchen mit Gemüse gut zu kochen. Es ist ein ziemlich kompliziertes Gericht. Aber Gabi ist eine hervorragende Köchin. Das Hähnchen ist endlich fertig. Das Gericht sieht sehr verlockend aus. Gabi sieht auf die Uhr. Elena sollte bald kommen. Aber plötzlich wird Gabi aus der Arbeit angerufen. Heute hat Gabi frei, aber Leute in ihrer Arbeit bitten sie, wegen eines wichtigen Problems kurz vorbeizukommen. Sie sollte dringend hinfahren. Es ist auch ein altes Kindermädchen und ein Kind zu Hause. Das Kindermädchen hat erst vor kurzem angefangen, bei ihnen zu arbeiten.
„Ich muss kurz beruflich weggehen", sagt Gabi zu dem Kindermädchen. „Eine junge Frau wird das Hähnchen in zehn Minuten abholen. Das Hähnchen wird jetzt schon kalt. Sie müssen es in Folie einpacken und der jungen Frau geben. In Ordnung?", fragt sie.
„In Ordnung", antwortet das Kindermädchen. „Machen Sie sich keine Sorgen, Gabi. Ich werde es genau so machen."
„Danke!", bedankt sich Gabi bei dem Kindermädchen und geht aus beruflichen Gründen weg. Zehn Minuten später kommt eine junge Frau.
„Hallo. Ich komme um...", sagt sie.
„Ich weiß, ich weiß", unterbricht sie das Kindermädchen, „wir haben es schon gebraten."
„Sie haben es gebraten?", die junge Frau starrt das Kindermädchen mit großen Augen an.

"¿Lo frieron?" La chica mira a la niñera con los ojos muy abiertos.
"Sé que no querías que lo frieran. Pero no te preocupes, lo hemos freído bien. ¡Ha quedado muy rico! Te lo empaquetaré," dice la niñera, y va a la cocina. La chica va despacio a la cocina detrás de la niñera.
"¿Por qué lo frieron?" pregunta otra vez la chica.
"Ya sé que no lo querías así. Pero no te preocupes," responde la niñera, "Está realmente rico. Estarás contenta."
La chica ve que la anciana envuelve en un paquete algo frito, con las patas sobresaliendo. De repente la anciana oye un ruido y se da la vuelta. Ve que la chica se ha desmayado.
"Oh, ¡qué terrible!" grita la anciana, "¿Qué voy a hacer ahora?" Salpica un poco de agua sobre la chica y la chica vuelve en sí lentamente. En este momento Gabi vuelve a casa.
"Oh, se me olvidó avisarla," dice Gabi a la niñera, "Esta es mi amiga, que vino a llevarse su gato. Lo trajo a aparearse con el nuestro. ¿Y qué ha pasado aquí?"

„Ich weiß, dass sie es nicht braten wollten. Aber keine Sorge, wir haben es gut gebraten. Es ist sehr lecker geworden. Ich werde es für Sie einpacken", sagt das Kindermädchen und geht in die Küche. Die junge Frau folgt dem Kindermädchen langsam in die Küche.
„Warum haben Sie es gebraten?", fragt die junge Frau noch einmal.
„Ich weiß, dass sie es nicht so haben wollten. Aber keine Sorge", antwortet das Kindermädchen, „es ist sehr lecker. Sie werden sich freuen."
Die junge Frau sieht, dass die alte Frau etwas Gebratenes einpackt. Die Beine stehen hervor. Plötzlich hört die alte Frau einen Lärm und dreht sich um. Sie sieht, dass die junge Frau ohnmächtig geworden ist.
„Oh, wie schrecklich!", schreit die alte Frau, „was soll ich jetzt machen?" Sie bespritzt die junge Frau mit Wasser und die junge Frau kommt langsam zu sich. In diesem Moment kommt Gabi zurück nach Hause.
„Oh, ich habe vergessen, Ihnen Bescheid zu sagen", sagt Gabi zu dem Kindermädchen, „das ist meine Freundin, die gekommen ist um ihre Katze wieder abzuholen. Sie hat sie zu unserem Kater gebracht, damit sie sich paaren können. Und was ist hier passiert?"

18

Tulipanes y manzanas
Tulpen und Äpfel

A

Palabras

1. artículos - Paragrafen
2. asombro - Erstaunen
3. con entusiasmo - enthusiastisch
4. crece - (er, sie, es) wächst
5. cuelgan - sie hängen (Plural)
6. detalle - Detail
7. discuten - diskutieren
8. disputa - Streit
9. estricto - streng
10. estudiar - studieren
11. favorito - liebsten
12. florecen - sie blühen (Plural)
13. hicimos - wir machten
14. incorrectas - falsch
15. interesados - interessiert (Plural)
16. juez - Richter
17. jurisprudencia - Rechtswissenschaft
18. leyes - Gesetze
19. libretas - Notizbücher
20. manzana - Apfel
21. mayor - älterer
22. momento - Augenblick, Moment
23. opinión - Meinung
24. parterre - Blumenbeet
25. pertenece - (er, sie, es) gehört
26. primavera - Frühling
27. prueban - sie beweisen (Plural)
28. ramas - Äste
29. resolvería - (er, sie, es) würde lösen
30. rompen - sie zerstören (Plural)
31. sacude - (er, sie, es) schüttelt
32. sencillo - einfach
33. sentido - Verstand
34. separados - getrennt

35. sobre - über
36. solución - Lösung
37. tribunal - Gericht

38. tulipanes - Tulpen
39. valla - Zaun

B

Tulipanes y manzanas

Tulpen und Äpfel

A Robert le gusta estudiar. Y una de sus asignaturas favoritas es jurisprudencia. El profesor de jurisprudencia es mayor. Es muy estricto y a menudo manda tareas difíciles a los estudiantes.

Un día el profesor decide hacer una prueba. Ofrece una interesante tarea sobre dos vecinos. Los vecinos viven muy cerca el uno del otro. Están separados solo por una valla. A un lado de la valla crece un manzano. Hay un parterre con tulipanes al otro lado de la valla. El parterre pertenece al otro vecino. Pero el manzano es muy grande. Sus ramas cuelgan sobre la valla en el jardín del otro vecino. Las manzanas caen justamente sobre el parterre y rompen las flores. El profesor pregunta a los estudiantes cómo resolvería el juez esta disputa en un tribunal.

Algunos estudiantes creen que el propietario de los tulipanes tiene razón. Otros dicen que el dueño del manzano tiene razón. Evocan diferentes leyes que prueban que tienen razón. Los estudiantes discuten la tarea unos con otros con entusiasmo. Pero en ese momento el profesor les pide que detengan la disputa.

"Cada uno de vosotros tiene su propia opinión," dice el profesor, "Ahora abrid vuestras libretas de pruebas y escribid detalladamente vuestra solución a la tarea, por favor."

La clase queda en silencio. Todos están escribiendo sus respuestas en las libretas. Robert escribe que el dueño de los tulipanes tiene razón y explica su opinión detalladamente.

La clase termina al cabo de una hora y el profesor recoge los trabajos de los

Robert studiert gerne. Und eines seiner liebsten Fächer ist Rechtswissenschaft. Der Lehrer der Rechtswissenschaft ist ein älterer Professor. Er ist sehr streng und gibt seinen Studenten oft schwierige Aufgaben.

Eines Tages beschließt der Professor einen Test zu machen. Er stellt eine interessante Aufgabe über zwei Nachbarn. Die Nachbarn leben sehr nahe beieinander. Es steht nur ein Zaun zwischen ihren Grundstücken. Auf der einen Seite des Zauns wächst ein Apfelbaum. Es gibt ein Blumenbeet mit Tulpen auf der anderen Seite des Zauns. Das Blumenbeet gehört dem anderen Nachbarn. Aber der Apfelbaum ist sehr groß. Seine Äste hängen über den Zaun in den Garten des anderen Nachbars. Die Äpfel fallen genau in das Blumenbeet und zerstören die Blumen. Der Professor fragt die Studenten, wie ein Richter im Gericht diesen Streit lösen würde.

Einige Studenten glauben, dass der Besitzer der Tulpen recht hat. Andere sagen, dass der Besitzer des Apfelbaumes recht hat. Sie nennen verschiedene Gesetze, die beweisen, dass sie recht haben. Die Studenten diskutieren enthusiastisch die Aufgabe untereinander. Aber an dieser Stelle bittet sie der Professor, den Streit zu beenden.

„Jeder von euch hat seine eigene Meinung", sagt der Professor. „Öffnet jetzt bitte eure Notizbücher für den Test und schreibt bitte eure Lösung für diese Aufgabe im Detail auf."

Es wird still im Klassenzimmer. Alle schreiben ihre Antworten in die Notizbücher. Robert schreibt, dass der Besitzer der Tulpen recht hat und erkärt seine Meinung im Detail.

In einer Stunde geht die Vorlesung zu Ende und der Professor sammelt die Arbeiten der Studenten ein. Er steckt alle Tests zusammen in seinen Koffer und ist kurz davor wegzugehen. Aber die Studenten bitten ihn,

estudiantes. Coloca las pruebas juntas en su maletín y está a punto de marcharse. Pero los estudiantes le piden que se quede un ratito. Están interesados en saber cuál es la solución correcta a la tarea.

"Sr. Profesor, ¿cuál es la respuesta correcta?" pregunta Robert, "¡Todos queremos saberla!"

El profesor ríe astutamente.

"Veréis," responde el profesor, "es muy sencillo. Los tulipanes florecen en primavera. Y las manzanas solo caen en otoño. Por eso las manzanas no pueden caer sobre los tulipanes. Esa situación no puede ocurrir."

Los estudiantes comprenden que tiene razón con asombro. Y eso significa que sus respuestas son incorrectas y que sacarán notas bajas en la prueba.

"Pero Sr. Profesor, después de todo, hicimos muy buenas pruebas," dice uno de los estudiantes, "Conocemos las leyes bastante bien. No puede darnos notas bajas solo por culpa de unos tulipanes."

Pero el profesor sacude la cabeza.

"No es suficiente con conocer las leyes," explica, "¡Primero deberíais usar el sentido común y solo después pensar en los artículos de las leyes!"

noch eine kurze Weile zu bleiben. Sie sind daran interessiert zu wissen, welche Lösung der Aufgabe die richtige ist.

„Herr Professor, was war die richtige Antwort?", fragt Robert, „wir wollen es alle wissen!"

Der Professor lacht verschmitzt.

„Wisst ihr", antwortet der Professor, „es ist sehr einfach. Tulpen blühen im Frühling. Und Äpfel fallen nur im Herbst vom Baum. Aus diesem Grund können die Äpfel nicht auf die Tulpen fallen. Diese Situation kann nicht stattfinden."

Die Studenten begreifen erstaunt, dass er recht hat. Und das bedeutet, dass ihre Antworten falsch sind und sie schlechte Noten auf ihre Tests bekommen werden.

„Aber Herr Professor, wir haben trotz allem sehr gute Tests geschrieben", sagt einer der Studenten, „wir kennen die Gesetze ziemlich gut. Sie können uns nicht nur wegen der Tulpen schlechte Noten geben."

Aber der Professor schüttelt seinen Kopf.

„Es reicht nicht, die Gesetze zu kennen", erklärt er, „ihr solltet erst euren gesunden Menschenverstand einschalten und erst dann über die Gesetzesparagrafen nachdenken!"

19

Tarta
Torte

A

Palabras

1. acuerdo - entsprechend (hier), Übereinkunft, Vereinbarung
2. alacenas - Schränke
3. auténtica - wirklich
4. cajón - Schublade
5. cocinar - kochen
6. confundida - verwirrt
7. considera - (er, sie, es) hält sich
8. cuarenta - vierzig
9. cuero - Leder
10. culinario - kulinarisch
11. cumpleaños - Geburtstag
12. de más abajo - unterste
13. de ocho años - achtjährige
14. engrasar - einfetten
15. explosión - Explosion
16. frigorífico - Kühlschrank
17. hermanita - Schwester, Schwesterherz
18. hermano - Bruder
19. hija - Tochter
20. hornear - backen
21. hornearse - gebacken
22. humo - Rauch
23. inscripción - Aufschrift
24. juego - Spiel
25. letra - Buchstabe
26. lleno - voll
27. madera - Holz
28. manchada - bespritzt, befleckt
29. nata - Creme, Sahne
30. objetos - Gegenstände
31. olor - Geruch

32. ordenador - Computer
33. orgullosa - stolz
34. padre - Vater
35. padres - Eltern
36. palabra - Wort
37. papi - Vater, Papa
38. paquete - Packung
39. pegamento - Kleber, Klebstoff
40. pegar - kleben
41. peligrosa - gefährlich

42. porcelana - Porzellan
43. quizás - vielleicht
44. receta - Rezept
45. se las arregla - kommt zurecht
46. sopa - Suppe
47. talento - Talent
48. tarta - Torte
49. tortilla - Omelett
50. trabajar - arbeiten
51. tubo - Tube

Tarta

A Nancy, de ocho años, le gusta mucho cocinar. Sabe preparar una deliciosa sopa y tortilla. Linda ayuda a su hija a veces, pero Nancy se las arregla bastante bien sola. Todos dicen que la niña tiene talento para lo culinario. Nancy está muy orgullosa de ello. Se considera una auténtica cocinera. Así que un día decide preparar un regalo para su padre Christian por su cumpleaños. Quiere hornear una deliciosa tarta para él. Nancy encuentra una receta de tarta adecuada. Los padres se van a trabajar y Nancy se queda en casa con su hermano. Pero David no la está cuidando. Está jugando a un juego de ordenador en su habitación. Nancy empieza a preparar la tarta. Sigue la receta estrictamente y parece que sabe hacerlo todo. Cuando de repente lee en la receta: "Engrasar la masa con pegamento culinario." Nancy se queda confundida. Hay mucha comida en el frigorífico pero no hay pegamento. Empieza a mirar en las alacenas de la cocina cuando de repente en el cajón de más abajo encuentra un tubo con la inscripción 'Pegamento'. No aparece la palabra 'culinario' en el paquete, sin embargo. Pero Nancy decide que eso no es tan importante. Después de todo, lo principal es el pegamento. Sin embargo, este pegamento es para pegar objetos fabricados con madera, cuero y porcelana. Pero Nancy no ha leído esa letra pequeña. Engrasa la masa con pegamento de acuerdo con la receta. A continuación mete

Torte

Die achtjährige Nancy kocht sehr gerne. Sie kann eine köstliche Suppe und ein Omelett zubereiten. Linda hilft ihrer Tochter manchmal, aber Nancy kommt auch ganz gut alleine zurecht. Alle sagen, dass das Mädchen ein kulinarisches Talent besitzt. Nancy ist sehr stolz darauf. Sie hält sich selbst für eine echte Köchin. Daher beschließt sie eines Tages, für ihren Vater Christian ein Geschenk zu seinem Geburtstag zuzubereiten. Sie möchte ihm eine köstliche Torte backen. Nancy findet ein geeignetes Rezept für eine Torte. Ihre Eltern gehen arbeiten und Nancy bleibt mit ihrem Bruder zu Hause. Aber David passt nicht auf sie auf. Er spielt gerade in seinem Zimmer ein Computerspiel. Nancy beginnt, die Torte zuzubereiten. Sie folgt streng dem Rezept und es scheint, als könne sie alles machen. Als sie plötzlich folgendes im Rezept liest: „Fetten Sie den Teig mit kulinarischem Kleber ein." Nancy ist verwirrt. Es gibt sehr viel Essen im Kühlschrank, aber keinen Klebstoff. Sie beginnt in den Küchenschränken zu suchen, als sie plötzlich in der untersten Schublade eine Tube mit der Aufschrift 'Kleber' findet. Das Wort 'kulinarisch' steht jedoch nicht auf der Packung. Aber Nancy beschließt, dass das nicht so wichtig ist. Das wichtigste ist ja schließlich, dass es Klebstoff ist. Dieser Kleber ist jedoch dazu da, um Gegenstände aus Holz, Leder oder Porzellan zusammenzukleben. Aber Nancy hat das Kleingedruckte nicht gelesen. Sie fettet den Teig entsprechend dem Rezept mit dem Kleber ein. Dann stellt sie den Teig in das Backrohr und verlässt die

la masa en el horno y se va de la cocina. La tarta debería hornearse en cuarenta minutos. Veinte minutos más tarde, los padres vuelven a casa.

"¿Qué es este delicioso olor que viene de la cocina?" pregunta Christian.

Nancy está a punto de contestarle, ¡pero de repente se escucha una explosión en la cocina! Sorprendido, Christian abre la puerta de la cocina y ven que está llena de humo, la puerta del horno está manchada de masa y hay un olor espantoso. Christian y Linda miran con sorpresa a su hija.

"Bueno, iba a hacer una tarta con deliciosa nata para el papi…" dice Nancy en voz baja.

"¿Qué pusiste ahí?" pregunta el hermano, "¡No te preocupes, hermanita! Si tu tarta es tan peligrosa, entonces quizás es mejor que no haya terminado de hornearse."

Küche. Die Torte sollte vierzig Minuten lang backen.

Zwanzig Minuten später kommen ihre Eltern zurück nach Hause.

„Was kommt da für ein köstlicher Geruch aus der Küche?", fragt Christian.

Nancy will ihm gerade antworten, aber plötzlich hören sie eine Explosion in der Küche! Überrascht öffnet Christian die Tür zur Küche und sieht, dass die ganze Küche voller Rauch ist. Die Tür des Backrohrs ist mit Teig bespritzt und es stinkt fürchterlich. Christian und Linda sehen ihre Tochter überrascht an.

„Nun ja, ich wollte eine Torte mit einer leckeren Creme für Papa backen…", sagt Nancy leise.

„Was hast du hineingetan?", fragt ihr Bruder.

„Mach dir keine Sorgen, Schwesterherz! Wenn deine Torte so gefährlich ist, ist es vielleicht besser, dass sie nicht fertig gebacken wurde."

20

Cena exótica
Exotisches Abendessen

Palabras

1. aldea - Dorf
2. alternativa - Alternative
3. asiático - asiatisch
4. avergonzados - verlegen, verschämt (Plural)
5. bárbaro - Barbar
6. camarero - Kellner
7. caro - teuer
8. carta - Speisekarte
9. centímetros - Zentimeter
10. cercana - in der Nähe
11. chamán - Schamane
12. chef - Koch
13. cientos - hundert
14. cocina - Küche
15. comer - essen
16. cortadas - geschnitten
17. costumbres - Bräuche
18. crecer - heranwachsen
19. cuenta - Rechnung
20. cuestan - sie kosten (Plural)
21. dólares - Dollar
22. elige - (er, sie, es) wählt
23. enorme - riesig
24. escurrirse - entwischen, ausrutschen, entgleiten
25. esperaban - sie erwarteten (Plural)
26. excrementos - Exkremente
27. exótica - exotisch
28. exquisitez - Delikatesse
29. fin - letzte, am Ende
30. fuerte - stark
31. gastar - ausgeben
32. gorda - fett

33. gritar - schreien
34. hojean - blättern
35. incivilizado - unzivilisiert
36. increíblemente - unglaublich
37. intentar - versuchen
38. intercambian - austauschen
39. inusuales - ungewöhnliche
40. lengua - Sprache
41. longitud - Länge
42. mejor - besten
43. mientras tanto - inzwischen
44. miradas - Blicke
45. nada - nichts
46. no se esperaban - sie erwarteten nicht
47. norte - Norden
48. oruga - Raupe
49. país - Land
50. pálido - bleich
51. pincha - spießt
52. plato - Teller
53. pobre - schlecht, arm
54. probar - probieren
55. que - welche
56. quince - fünfzehn
57. raro - selten
58. recientemente - vor kurzem
59. restaurante - Restaurant
60. revivirla - wiederbeleben
61. se desmaya - wird ohnmächtig
62. suma - Betrag
63. tamaño - Größe
64. tapa - Deckel
65. tenedor - Gabel
66. tensión - Anstrengung, Spannung, Anspannung
67. tradiciones - Traditionen
68. traducción - Übersetzung
69. visitar - vorbeischauen, besuchen, besichtigen
70. viva - lebendig

B

Cena exótica

Exotisches Abendessen

Robert y Elena están de vacaciones en un país asiático. Les gusta mucho viajar. Robert está interesado en las tradiciones y costumbres inusuales. Y por supuesto les gusta aprender sobre la cocina de diferentes países. Así que esta vez deciden visitar el mejor y más famoso restaurante local. Es un restaurante bastante caro pero quieren probar los platos más deliciosos e interesantes, y no les importa gastar dinero en ellos. Hojean la carta durante largo tiempo. No hay traducción al inglés en la carta. Pero ellos no conocen la lengua local en absoluto, así que no entienden nada. Robert elige uno de los platos más caros - cuesta doscientos veinte dólares.

El mismo chef les trae este caro plato. Saca la tapa y ven un montón de verduras y hojas cortadas sobre el plato. Una enorme y gorda oruga, de sobre quince centímetros de largo, está en medio. La oruga no solo es enorme, ¡sino que también está viva! Elena y Robert la

Robert und Elena machen in einem asiatischen Land Urlaub. Sie verreisen sehr gerne. Robert interessiert sich für ungewöhnliche Traditionen und Bräuche. Und sie lernen natürlich auch gerne etwas über die Küchen der verschiedenen Länder. Also entscheiden sie sich diesmal dafür, im besten und berühmtesten örtlichen Restaurant vorbeizuschauen. Es ist ein ziemlich teures Restaurant, aber sie wollen die köstlichsten und interessantesten Gerichte probieren und haben nichts dagegen dafür Geld auszugeben. Sie blättern lange durch die Speisekarte. Es gibt keine englische Übersetzung der Speisekarte. Und sie können die örtliche Sprache überhaupt nicht, daher verstehen sie gar nichts. Robert wählt eines der teuersten Gerichte - es kostet zweihundertzwanzig Dollar. Der Koch selbst bringt ihnen dieses teure Gericht. Er nimmt den Deckel ab und sie sehen viel geschnittenes Gemüse und Blätter auf dem Teller. Eine riesige fette Raupe, etwa fünfzehn Zentimeter lang, ist in der Mitte. Die Raupe ist nicht nur riesig,

miran avergonzados. Mientras tanto, la oruga empieza lentamente a escurrirse y comer las hojas que están a su alrededor en el plato. ¡Por supuesto, Elena y Robert no se esperaban algo como esto en absoluto! El chef y el camarero miran para la oruga también, y no se van. Sigue un momento de tensión. Entonces Robert coge un tenedor y pincha la oruga. Decide comérsela al fin. ¡El chef lo ve y se desmaya! Y el camarero empieza a gritar fuertemente en una lengua que no entienden. Robert no entiende nada. En este punto otro cliente del restaurante se acerca a ellos desde una mesa cercana. Le explica a Robert en un inglés pobre que ellos no comen esa oruga. Es increíblemente cara y le lleva más de cinco años crecer hasta este tamaño. Los excrementos de esta oruga, que aparecen en el plato cuando come hojas, se consideran una cara exquisitez. Estos excrementos de la oruga cuestan doscientos veinte dólares. Elena y Robert intercambian miradas silenciosas.
"¡Esto es terriblemente incivilizado!" dice Robert.
"Oh, no lo es. ¡Ahora creen que es usted el bárbaro!" dice otro cliente, y sonríe, "¡Porque no comprende esta cocina tan cara! Además mató a esa oruga tan rara, ¡como un auténtico bárbaro!"
En este punto, un pálido camarero se acerca y trae la cuenta por la oruga asesinada. Robert mira la suma de la cuenta y también empalidece.
"Sabe," dice Robert, "hemos estado en una aldea muy pequeña del norte de su país recientemente. Allí hay un excelente chamán, muy fuerte. ¿Tal vez esté de acuerdo en intentar revivirla?… Creo que es una buena alternativa."

sondern auch lebendig! Elena und Robert sehen sie verlegen an. Inzwischen beginnt die Raupe langsam zu kriechen und die Blätter um sie herum auf dem Teller zu essen. Elena und Robert haben so etwas natürlich überhaupt nicht erwartet! Der Koch und der Kellner schauen auch auf die Raupe und gehen nicht weg. Ein anstrengender Moment folgt. Dann nimmt Robert eine Gabel und spießt die Raupe auf. Er beschließt schließlich sie zu essen. Der Koch sieht es und wird ohnmächtig! Und der Kellner beginnt laut in einer Sprache zu schreien, die sie nicht verstehen. Robert versteht gar nichts. In diesem Moment kommt ein anderer Gast von einem Tisch in der Nähe von ihnen auf sie zu. Er erklärt Robert in schlechtem Englisch, dass diese Raupe nicht gegessen wird. Sie ist unglaublich teuer und es dauert mehr als fünf Jahre, damit sie auf diese Größe heranwächst. Die Exkremente dieser Raupe, die man auf dem Teller findet, wenn sie die Blätter isst, gelten als teure Delikatesse. Diese Exkremente der Raupe kosten zweihundertzwanzig Dollar. Elena und Robert tauschen schweigsam Blicke aus.
„*Das ist fürchterlich unzivilisiert!*", *sagt Robert.*
„*Oh, das ist es nicht. Sie denken nun, dass du der Barbar bist!*", *sagt ein anderer Gast und lächelt.*
„*Weil du diese teure Küche nicht verstehst! Außerdem hast du diese seltene Raupe getötet, wie ein wirklicher Barbar!*"
An dieser Stelle kommt der bleiche Kellner und bringt die Rechnung für die getötete Raupe. Robert schaut den Betrag der Rechnung an und wird auch bleich.
„*Wissen Sie*", *sagt Robert*, „*vor kurzem waren wir in einer sehr kleinen Stadt im Norden ihres Landes. Dort gibt es einen hervorragenden, sehr starken Schamanen. Vielleicht ist er einverstanden zu versuchen, sie wieder zum Leben zu bringen? … Ich glaube, das wäre eine gute Alternative…*"

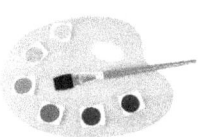

21

Arte supremo
Hochkunst

Palabras

1. alma - Seele
2. alto - hoch
3. apariencia - Erscheinung
4. arte - Kunst
5. artista - Künstler
6. basura - Müll
7. belleza - Schönheit
8. cara - Gesicht
9. caramelo - Bonbon
10. confusión - Verwirrung
11. conocimiento - Wissen
12. contraste - Kontrast
13. convencional - gewöhnlich
14. convincente - überzeugend
15. cuadro - Bild
16. cubo - Eimer
17. debe - (er, sie, es) müssen
18. definitivamente - definitiv
19. dentro - Innere
20. escultura - Skulptur
21. espejo - Spiegel
22. eternidad - Ewigkeit
23. externa - äußere
24. figuras - Figuren
25. fragilidad - Zerbrechlichkeit
26. impresionarla - beeindrucken
27. incomprensible - unverständlich
28. intelecto - Verstand
29. interior - innere
30. inventa - erfindet
31. más inteligente - weiseste
32. metal - Metall

33. millones - Millionen
34. montaña - Berg
35. mopa - Mopp
36. mostradas - gezeigt
37. museo - Museum
38. o - oder
39. obvio - offensichtlich
40. olvidado - vergessen
41. paisaje - Landschaft
42. pensativamente - nachdenklich
43. plástico - Plastik
44. profundo - tief
45. relleno - Fütterung

46. ropa - Kleidungsstücke
47. seria - ernst (feminin) / serio - ernst (maskulin)
48. significado - Bedeutung
49. símbolo - Symbol
50. similar - ähnlich
51. sucia/o - schmutzig
52. suena - klingt
53. suspira - (er, sie, es) seufzt
54. tiran - sie werfen weg (Plural)
55. uniforme - Uniform
56. zapatos - Schuhe

B

Arte supremo

Un día Robert invita a Elena al museo de Arte Moderno. Se estrena una nueva exposición. A Elena le gusta mucho el arte. Acepta ir al museo, pero dice que no entiende en absoluto el arte moderno. Lo considera demasiado extraño. En la exposición ven un montón de cosas interesantes. Elena se detiene junto a un cuadro hecho de tenedores de plástico. Parece un paisaje montañoso.
"No, no es lo mío," dice Elena, "los artistas modernos son demasiado incomprensibles. Especialmente cuando hacen sus cuadros con estas cosas tan extrañas. Mira este cuadro. ¿Es bonito?" Pregunta Elena. No le gusta el cuadro. Robert tampoco entiende este arte. Pero le gusta Elena. Y realmente quiere impresionarla y sorprenderla con su conocimiento. Robert pone cara seria.
"Sabes," dice Robert, "La apariencia externa de este cuadro no es muy bonita. Pero tienes que ver su belleza interior."
"¿Qué?" pregunta Elena con sorpresa.
"Su belleza interior," repite Robert, "En este cuadro son mostradas varias montañas. Después de todo, las montañas duran millones de años. Son un símbolo de la eternidad," explica Robert, "Pero los tenedores de plástico se tiran rápido. Es un

Hochkunst

Eines Tages lädt Robert Elena in das Museum für moderne Kunst ein. Eine neue Ausstellung wird dort eröffnet. Elena hat Kunst sehr gerne. Sie ist einverstanden das Museum zu besuchen, aber sie sagt, dass sie moderne Kunst überhaupt nicht verstehe. Sie hält sie für zu seltsam. In der Ausstellung sehen sie viele interessante Dinge. Elena bleibt bei einem Bild stehen, dass aus Plastikgabeln gemacht wurde. Sie starrt das Bild aufmerksam an. Es sieht aus wie eine Berglandschaft.
„Nein, das ist nicht mein Fall", sagt Elena, „moderne Künstler sind zu unverständlich. Besonders wenn sie ihre Bilder aus so seltsamen Dingen machen. Sieh dir dieses Bild an. Ist das schön?", fragt Elena. Sie mag das Bild nicht. Robert versteht diese Kunst auch nicht. Aber er mag Elena. Und er möchte sie mit seinem Wissen wirklich beeindrucken und überraschen. Robert macht ein ernstes Gesicht.
„Weißt du", sagt Robert, „die äußere Erscheinung dieses Bildes ist nicht sehr schön. Aber du musst die innere Schönheit sehen."
„Was?", fragt Elena überrascht.
„Die innere Schönheit", wiederholt Robert. „In diesem Bild werden einige Berge gezeigt. Letzten Endes stehen Berge für Millionen von Jahren. Sie sind ein Symbol für die Ewigkeit", erklärt Robert, „aber eine Plastikgabel wird schnell weggeworfen. Sie symbolisiert Vergänglichkeit. In diesem Kontrast liegt

símbolo de fragilidad. Existe un significado muy profundo en este contraste."
Robert se inventa todo esto sobre la marcha. Le parece que suena convincente. Elena mira a Robert avergonzada. Después mira el cuadro y suspira.
"Sigamos," propone Elena.
Van más allá y ven otro montón de cosas extrañas. En una habitación ven un enorme caramelo de metal tan alto como el techo y una escultura hecha de zapatos viejos. En otra habitación hay figuras humanas hechas de ropas con relleno rojo en su interior. Y Robert le dice a Elena algo inteligente sobre cada cosa.
"A veces estas obras de arte son muy similares a la basura convencional," dice Elena.
Van a la siguiente habitación y allí ven un espejo delante del cual hay un cubo lleno de agua sucia.
"Bueno, ¡esto es demasiado!" dice Elena, "¡Definitivamente no hay ningún significado!"
"Oh no-o-o," dice Robert pensativamente, "Tiene un significado muy profundo. Es obvio que este artista es un hombre muy inteligente."
"¿Lo es?" Elena está sorprendida.
"Claro," responde Robert, "Sabes, en un espejo puedes verte la cara. Y puedes mirar en esta agua sucia y también verte la cara. El artista quiere decir que toda alma tiene un lado oscuro. Y que también debemos mirarlo. Es un pensamiento muy importante. Creo que es la mejor y más inteligente obra de arte de toda la exposición," dice Robert.
"¡Eres tan inteligente!" dice Elena, y le coge la mano. Admira a Robert.
En ese momento una mujer con uniforme de limpiadora entra en la habitación con una mopa en la mano. Se acerca al cubo y se gira hacia Elena y Robert.
"Oh, lo siento. Me he olvidado de llevármelo," les dice la mujer. Coge el cubo y lo lleva fuera de la habitación.
"¿Qué dijiste?" ríe Elena, "¿La mejor obra de

eine sehr tiefe Bedeutung."
Robert erfindet das alles, während er spricht. Es scheint ihm, dass es überzeugend klingt. Elena schaut Robert verlegen an. Dann schaut sie auf das Bild und seufzt.

„Lass uns weitergehen", bietet Elena an.
Sie gehen weiter und sehen viele andere seltsame Dinge. In einem Raum sehen sie ein riesiges Bonbon aus Metall, das so hoch ist wie die Decke, und eine Skulptur, die aus alten Schuhen gemacht wurde. In einem anderen Raum sind Menschenfiguren aus Kleidungsstücken, mit einer roten Wattierung im Inneren. Und Robert erzählt Elena etwas Schlaues über jedes dieser Dinge.
„Manchmal sind diese Kunstwerke gewöhnlichem Müll sehr ähnlich", sagt Elena.
Sie gehen in den nächsten Raum und sehen dort einen Spiegel, vor dem ein Eimer voll mit schmutzigem Wasser steht.

„Also das ist wirklich zu viel!", sagt Elena, „das hat definitiv keine Bedeutung!"

„Oh, nein, nein", sagt Robert nachdenklich. „Das hat eine sehr tiefe Bedeutung. Es ist offensichtlich, dass dieser Künstler ein sehr intelligenter Mann ist."

„Ist er das?", fragt Elena überrascht.
„Natürlich", antwortet Robert, „weißt du, in einem Spiegel kannst du dein Gesicht sehen. Und du kannst auch in dieses schmutzige Wasser blicken und dein Gesicht sehen. Der Künstler möchte ausdrücken, dass jede Seele eine dunkle Seite hat. Und dass wir sie uns auch ansehen müssen. Das ist ein sehr wichtiger Gedanke. Ich glaube, dass ist das beste und weiseste Kunstwerk der ganzen Ausstellung", sagt Robert.
„Du bist so intelligent!", sagt Elena und nimmt ihn an der Hand. Sie bewundert Robert.
In diesem Moment betritt eine Frau in der Uniform einer Reinigungsfirma und mit einem Mopp in der Hand den Raum. Sie nähert sich dem Eimer und wendet sich an Elena und Robert.
„Oh, es tut mir leid. Ich habe vergessen, ihn mitzunehmen", sagt die Frau zu ihnen. Sie nimmt den Eimer und trägt ihn aus dem Raum.
„Was hast du gesagt?", sagt Elena und lacht, „Das

la exposición?..."
Robert se queda callado con la confusión. Pero Elena todavía está muy impresionada por su intelecto.

beste Kunstwerk der Ausstellung? ..."
Robert schweigt und ist verwirrt. Aber Elena ist immer noch sehr beeindruckt von seinem Verstand.

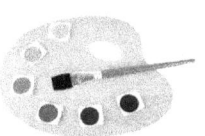

22

Limpieza primaveral
Frühjahrsputz

 **A**

Palabras

1. accidentalmente - versehentlich
2. adjunto - stellvertretender
3. beneficiencia - Spenden, Wohltätigkeit
4. bonificaciones - Bonuszahlungen
5. camiones - Lastwägen
6. corregir - korrigieren
7. desgraciadamente - unglücklicherweise
8. despedido - gefeuert
9. despedir - entlassen
10. despido - Entlassung
11. director - Leiter
12. documentos - Unterlagen
13. echar - feuern
14. electrónica - Elektronik
15. enviado - gesendet
16. error - Fehler
17. hablar - sprechen, reden
18. limpiar - abwischen, säubern
19. limpie - sauber
20. limpieza - Sauberkeit
21. meticuloso - sehr genau
22. montón - Stapel
23. noticias - Neuigkeiten
24. nunca - niemals
25. oficina - Büro
26. papeles - Papiere
27. período - Zeitraum
28. polvo - Staub
29. prueba - Test
30. solicitud - Formular

Limpieza primaveral

Robert estudia en una universidad y trabaja en una pequeña empresa. La empresa vende electrónica. Robert no lleva mucho tiempo trabajando allí. El director alaba su trabajo. Robert está contento de que todo esté yendo bien en el trabajo. Pero de repente el director adjunto envía a alguien a llamar a Robert. Robert está muy preocupado. No sabe por qué lo han mandado llamar. El director adjunto le da su sueldo y documentos. Robert no entiende nada.
"Siento mucho decirte esto, pero estás despedido," dice el director adjunto.
"¿Pero por qué?" pregunta Robert.
"Desgraciadamente, no superaste el período de prueba," dice el director adjunto.
"¡Pero el director alaba mi trabajo!" protesta Robert.
"Lo siento mucho," repite el adjunto.
Robert coge sus documentos y sus cosas y deja la oficina. Está muy molesto. De camino a casa piensa en el despido todo el tiempo. Le parece muy extraño. Pero Robert no llega a casa. De repente el director mismo lo llama. Le pide que vuelva a la oficina y dice que quiere hablar con él. Robert está sorprendido. Pero acepta y vuelve a la oficina. Espera que sean buenas noticias. Entra en el despacho del director y ve que está hablando con la mujer de la limpieza.
"Por favor," le dice a la mujer de la limpieza, "¡No mueva nunca los papeles de mi mesa! ¡Nunca les limpie el polvo! ¡Nunca!"
"Pero estaba sucio," responde la mujer de la limpieza, "Después de todo, quería hacerlo mejor."
El director suspira y sacude la cabeza.
"Robert," dice el director, "Tu solicitud estaba sobre mi mesa. Y nuestra mujer de la limpieza accidentalmente la movió de un montón al otro. Esto es, tu formulario pasó del montón de 'Bonificaciones' al montón de

Frühjahrsputz

Robert studiert an der Universität und arbeitet in einer kleinen Firma. Die Firma verkauft Elektronik. Robert arbeitet noch nicht lange dort. Der Leiter lobt seine Arbeit. Robert freut sich, dass in der Arbeit alles gut läuft. Aber plötzlich lässt der stellvertretenden Leiter Robert rufen. Robert macht sich große Sorgen. Er weiß nicht, warum er gerufen wurde. Der stellvertretende Leiter gibt ihm sein Gehalt und seine Unterlagen. Robert versteht gar nichts.
„Es tut mir sehr leid, Ihnen das mitteilen zu müssen, aber Sie sind gefeuert", sagt der stellvertretende Leiter.
„Aber warum?", fragt Robert.
„Unglücklicherweise haben Sie die Probezeit nicht bestanden", sagt der stellvertretende Leiter.
„Aber der Leiter lobt meine Arbeit!", wendet Robert ein.
„Es tut mir sehr leid", wiederholt der stellvertretende Leiter.
Robert nimmt seine Unterlagen und Dinge und verlässt das Büro. Er ist sehr traurig. Auf dem Heimweg denkt er die ganze Zeit über die Entlassung nach. Es erscheint ihm sehr seltsam. Aber Robert schafft es nicht bis nach Hause. Der Leiter selbst ruft ihn plötzlich an. Er bittet Robert zurück ins Büro zu kommen und sagt ihm, dass er mit ihm sprechen möchte. Robert ist überrascht. Aber er ist einverstanden ins Büro zurückzufahren. Er hofft, dass ihn gute Neuigkeiten erwarten. Er betritt das Büro des Leiters und sieht, dass der Leiter mit der Reinigungskraft spricht.
„Bitte", sagt er zu der Reinigungskraft, „bewegen sie nie wieder die Papiere auf meinem Tisch! Wischen Sie nicht einmal den Staub von ihnen ab! Nie!"
„Aber es war schmutzig", antwortet die Reinigungskraft, „ich wollte es doch nur besser machen."
Der Leiter seufzt und schüttelt den Kopf.
„Robert", sagt der Leiter, „dein Formular war auf meinem Tisch. Und unsere Reinigungskraft hat es versehentlich von einem Stapel auf den anderen

'Despedir'", explica el director, "Siento mucho que haya ocurrido. Espero que no vuelva a ocurrir."
Robert está muy contento de oírlo. No puede creer su suerte.
"¿De modo que no va a echarme?" pregunta Robert. El director le sonríe.
"No, no vamos a echarte. No te preocupes," dice el director, "Estamos contentos de tener un trabajador tan meticuloso y cuidadoso."
"Gracias," dice Robert, "Realmente son buenas noticias."
"Este error con tu despido es fácil de corregir," dice el director, "Pero los documentos de tres camiones con electrónica fueron movidos del montón 'Vender' al montón 'Beneficencia'. La limpieza es una cosa muy cara," dice el director, y mira tristemente su limpia mesa.

gelegt. Das heißt, dein Formular wurde vom Stapel 'Bonuszahlungen' auf den Stapel 'Entlassungen' gelegt", erklärt der Leiter, *"es tut mir sehr leid, dass das passiert ist. Ich hoffe, es kommt nie wieder vor."*
Robert freut sich sehr, das zu hören. Er kann sein Glück nicht fassen.
"Also werden Sie mich nicht entlassen?", fragt Robert. Der Leiter lächelt Robert an.
"Nein, wir werden dich nicht entlassen. Mach dir keine Sorgen", sagt der Leiter. "Wir freuen uns, dass wir so einen genauen und sorgfältigen Arbeiter haben."
"Danke", sagt Robert, "das sind wirklich gute Neuigkeiten."
"Der Fehler mit deiner Entlassung ist sehr einfach zu berichtigen", sagt der Leiter, "aber die Unterlagen von den Lastwägen mit Elektronik wurden vom Stapel 'Verkaufen' auf den Stapel 'Spenden' gelegt. Sauberkeit ist eine teure Sache", sagt der Leiter und blickt traurig auf seinen sauberen Tisch.

23

Taxi beige
Beiges Taxi

A

Palabras

1. alguien - irgendjemand
2. beige - beige
3. blanco - weiß
4. calmadamente - ruhig
5. carga - (er, sie, es) lädt
6. coincide - übereinstimmt
7. confirmado - bestätigt
8. desagradable - unerfreulich
9. dicho - (er, sie, es) sagte / ha dijo - (er, sie, es) hat gesagt
10. dirección - Adresse
11. educadamente - freundlich
12. emisores - Vermittlung
13. en punto - pünktlich
14. equipaje - Gepäck
15. eterno - endlos
16. examinar - überprüfen
17. expresión - Ausdruck
18. hecho - Tatsache, gemacht
19. ira - Wut
20. llevando - tragen
21. más - mehr, weiter
22. nervioso - nervös
23. ningún sitio - nirgendwo
24. número - Kennzeichen
25. obligatorio - verpflichtend
26. Opel - Opel
27. pacientemente - geduldig
28. pesado - schwer
29. pregunta - fragt nach
30. puede - können, dürfen, (er, sie, es) kann
31. radio - Funk
32. rechaza - (er, sie, es) verweigert
33. repite - (er, sie, es) wiederholt

75

34. reserva - Reservierung
35. se pregunta - (er, sie, es) wundert sich
36. servicio - Service
37. sí - ja

38. toda - ganz
39. tren - Zug
40. vencer - bewältigen

Taxi beige

Beiges Taxi

Un día Robert decide ir a visitar a sus amigos. Viven en otra ciudad y Robert toma un tren hasta allí. Su tren llega allí a las tres en punto a.m. Es la primera vez que Robert va allí. No tiene el número de teléfono de los servicios de taxi de esta ciudad. Así que llama a sus amigos y les pide que le llamen un taxi a la estación. Los amigos hacen lo que pide. Le dicen que en diez minutos un 'Opel' blanco vendrá por él. Robert espera y realmente un 'Opel' blanco llega en diez minutos. El conductor del taxi mete el equipaje de Robert en el coche y le pregunta a dónde va. Robert le explica que no sabe la dirección. Sus amigos, quienes llamaron al taxi, deberían haberle dicho la dirección al conductor del taxi.
"Mi radio funciona mal aquí. Así que no puedo coger la dirección," dice el conductor del taxi, "Averigüe la dirección de sus amigos, por favor. Y es obligatorio preguntarles el número de teléfono del servicio de taxis al que llamaron," solicita el conductor del taxi.
"¿Por qué?" pregunta Robert.
"Sabe, solo trabajo por reserva," contesta el conductor del taxi, "Sus amigos podrían haber llamado a otro servicio de taxis. Entonces eso significa que otro cliente está esperando por mí y yo no lo puedo llevar a usted en vez de a él."
Robert llama otra vez a sus amigos y los vuelve a despertar con su llamada. Pacientemente le dicen la dirección y el número de teléfono del servicio de taxis. Robert se lo repite todo al conductor de taxi.
"¡Oh! Este es el número de otro servicio de

Eines Tages beschließt Robert seine Freunde zu besuchen. Sie leben in einer anderen Stadt und Robert nimmt den Zug um dorthin zu fahren. Sein Zug kommt dort um drei Uhr morgens an. Robert ist zum ersten Mal dort. Er hat keine Telefonnummer von den Taxiunternehmen dieser Stadt. Also ruft er seine Freunde an und bittet sie, für ihn ein Taxi zum Bahnhof zu rufen. Seine Freunde machen, um was er sie gebeten hat. Sie sagen, dass ihn in zehn Minuten ein weißer Opel abholen wird. Robert wartet und nach zehn Minuten kommt wirklich ein weißer Opel. Der Taxifahrer stellt Roberts Gepäck in das Auto und fragt ihn, wohin er fahren möchte. Robert erklärt, dass er die Adresse nicht weiß. Seine Freunde, die das Taxi gerufen haben, hätten dem Taxifahrer die Adresse geben sollen.
„Mein Funk funktioniert hier nur schlecht. Ich kann also nicht nach der Adresse fragen", sagt der Taxifahrer, „bitte frag deine Freunde nach der Adresse. Und du musst sie auch nach der Telefonnummer des Taxiunternehmens fragen, bei dem sie angerufen haben", fordert der Taxifahrer.
„Warum?", fragt Robert nach.
„Weißt du, ich arbeite nur mit Reservierungen", antwortet der Taxifahrer, „deine Freunde haben vielleicht ein anderes Taxiunternehmen angerufen. Das würde bedeuten, dass ein anderer Kunde auf mich wartet und dass ich nicht dich statt ihm mitnehmen kann."
Robert ruft seine Freunde erneut an und weckt sie mit seinem Anruf erneut auf. Sie nennen ihm geduldig die Adresse und die Telefonnummer des Taxiunternehmens. Robert wiederholt alles für den Taxifahrer.
„Oh! Das ist die Telefonnummer eines anderen Taxiunternehmens. Das ist nicht die Telefonnummer meines Taxiunternehmens. Dann hat mich jemand

taxis. No es el número del mío. Entonces otra persona me llamó," dice el conductor del taxi, y saca el equipaje de Robert del coche. Robert está confundido.

"Su servicio de taxi debe tener varios números diferentes," supone Robert, "Me dijeron que un 'Opel' blanco vendría a recogerme en diez minutos. Y usted vino exactamente en diez minutos. Después de todo, usted tiene un 'Opel' blanco, y aquí no hay ningún otro taxi."

"No," dice el conductor de taxi, "Ahora está claro que otro taxi vendrá por usted. El hecho es que mi 'Opel' no es blanco, sino beige. Y usted tiene que esperar por el blanco."
Robert mira para su coche. Puede ser beige. Pero a las tres de la noche, en la oscuridad, no es fácil verlo. El conductor de taxi se desplaza hacia un lado, se detiene y espera por su cliente. Y Robert se queda solo de nuevo al lado del edificio de la estación. Tiene frío y realmente quiere dormir. Pasan diez minutos más, pero el 'Opel' blanco no llega. Los amigos se preocupan y llaman a Robert. Se preguntan por qué todavía no está en su casa. Él les explica lo que ha ocurrido. En unos minutos vuelven a llamar y le dicen que el coche ya está en el lugar. El servicio de taxis acaba de confirmarlo. Robert da una vuelta por toda el área de la estación, pero no encuentra su taxi. El tiempo pasa, y ya son las tres y media. Los amigos de Robert quieren ir a dormir. Empiezan a ponerse nerviosos. No comprenden por qué Robert no puede encontrar su taxi. Vuelven a llamarlo y le dicen el número del coche. A Robert le parece que está teniendo un sueño eterno y desagradable. Rodea toda la estación, llevando el pesado equipaje tras él, y examinando los números de los coches. Pero no hay ningún coche con ese número. Cuando de repente, después de caminar mucho tiempo, descubre que el número coincide con el del coche de aquel conductor del 'Opel' beige.
Robert está muy enfadado. Vuelve al conductor del taxi y le explica todo eso. Hace

anderer gerufen", sagt der Taxifahrer und nimmt Roberts Gepäck aus dem Auto. Robert ist verwirrt.

„Ihr Taxiunternehmen hat vielleicht verschiedene Nummern", vermutet Robert, „mir wurde gesagt, dass mich ein weißer Opel in zehn Minuten abholen würde. Und Sie sind genau zehn Minuten später gekommen. Außerdem haben Sie einen weißen Opel und es gibt keine anderen Taxis hier."

„Nein", sagt der Taxifahrer, „es ist jetzt klar, dass dich ein anderes Taxi abholen wird. Tatsache ist, dass mein Opel nicht weiß ist, sondern beige. Und dass du hier auf einen weißen warten musst."
Robert sieht sich das Auto an. Es ist vielleicht beige. Aber um drei Uhr nachts, im Dunkeln, ist es nicht einfach etwas zu erkennen. Der Taxifahrer fährt an die Seite, bleibt stehen und wartet auf seinen Kunden. Und Robert steht wieder alleine in der Nähe des Bahnhofgebäudes. Ihm ist kalt und er ist wirklich müde. Zehn weitere Minuten vergehen, aber der weiße Opel kommt nicht. Seine Freunde machen sich Sorgen und rufen Robert an. Sie wundern sich, warum er noch nicht bei ihnen zu Hause ist. Er erklärt ihnen, was passiert ist.
Einige Minuten später rufen sie wieder an und sagen ihm, dass das Auto bereits am Ort wartet. Das Taxiunternehmen hat es gerade bestätigt. Robert geht über das ganze Bahnhofsgelände, aber er kann sein Taxi nicht finden. Die Zeit vergeht und es ist schon halb vier. Roberts Freunde möchten schlafen gehen. Sie werden nervös. Sie verstehen nicht, warum Robert sein Taxi nicht finden kann. Sie rufen Robert noch einmal an und sagen ihm das Kennzeichen des Autos. Robert kommt es so vor, als würde er einen endlosen und unerfreulichen Traum haben. Er geht auf dem gesamten Bahnhof umher, zieht sein schweres Gepäck nach und überprüft die Kennzeichen der Autos. Aber es gibt dort nirgendwo ein Auto mit diesem Kennzeichen. Als er lange umhergelaufen ist, findet er plötzlich heraus, dass das Kennzeichen mit dem Autokennzeichen des Taxifahrers des beigen Opels übereinstimmt.

Robert ist sehr wütend. Er geht zurück zum Taxifahrer und erklärt ihm alles. Er gibt sein Bestes um ruhig

todo lo posible por hablar calmada y educadamente.

"Hum, simplemente piénselo," dice el conductor del taxi, y carga de nuevo el equipaje de Robert en el coche. Robert hace lo que puede por vencer su ira. Después de todo, ¡ya ha caminado por la estación con el pesado equipaje durante una hora y no ha dejado dormir a sus amigos! ¡Y solo porque esta persona rechaza considerar que su coche es blanco! ¡Y a todo responde "Hum"!

"¿Y qué pasa con el hecho de que su coche no es blanco, sino beige?" pregunta Robert.

"Sí, a mí también me duele que los emisores lo hayan liado todo," responde el conductor del taxi con una expresión calmada en la cara, "Bien, ¿ha confirmado la dirección?"

Por supuesto, Robert ya no recuerda la dirección. Comprende que debe llamar de nuevo a sus amigos. Y le parece que ya no van a estar contentos con su llegada.

und freundlich zu sprechen.

„Hum, Sachen gibt's", sagt der Taxifahrer und lädt Roberts Gepäck wieder in das Auto. Robert gibt sein Bestes um die Wut zu unterdrücken. Er ist schließlich eine Stunde lang mit seinem schweren Koffer am Bahnhof herumgelaufen und hat seine Freunde nicht schlafen lassen! Und das alles, weil sich diese Person weigert ihr Auto als weiß zu betrachten! Und auf all das antwortet er „Hum"!

„Und wie war das mit der Tatsache, dass ihr Auto nicht weiß sondern beige ist?", fragt Robert.

„Ja, es tut mir auch weh, dass die Vermittlung das verwechselt", antwortet der Taxifahrer mit einem ruhigen Ausdruck im Gesicht. „Nun gut, haben Sie die Adresse bestätigt?"

Natürlich kann sich Robert nicht mehr an die Adresse erinnern. Er begreift, dass er seine Freunde noch einmal anrufen muss. Und er nimmt an, dass sie sich über seine Ankunft nicht mehr freuen.

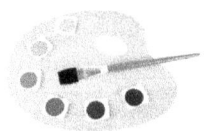

24

Árbol de Navidad
Weihnachtsbaum

A

Palabras

1. adiós - tschüß
2. atan - sie binden (Plural)
3. basura - Müll
4. broma - Streich
5. cabe - (er, sie, es) passt
6. cargar - einladen
7. celebración - Feier
8. chicos - Jungs
9. compra - Einkauf / compras - Einkäufe
10. concluye - abschließend
11. conversación - Gespräch
12. de acuerdo - in Ordnung
13. decoraciones - Dekorationen
14. después - später
15. dificultad - Mühe
16. ellos mismos - sie selbst
17. entrega - Lieferung
18. festivo - festlich
19. fuegos de artificio - Feuerwerke
20. fuertemente - fest
21. libre - frei
22. lugar de trabajo - Arbeitsplatz
23. máscaras - Masken
24. pie - Fuß
25. salida - Ausgang
26. superior - oberer
27. tienda - Laden
28. tijeras - Schere
29. todos - alle, jeder

B

Árbol de Navidad

A Robert le gusta pasar el tiempo libre leyendo libros. A David le gusta jugar a juegos de ordenador. También le gusta gastarle bromas a su hermana y amigos. La Navidad es la celebración favorita de Robert y David. Van a un supermercado a comprar un árbol de Navidad todos los años. Este año Robert y David también van juntos a un supermercado. David compra regalos de Navidad para sus familiares en el supermercado. Robert compra decoraciones de Año Nuevo, fuegos de artificio, máscaras y sorpresas divertidas. Después van a escoger un árbol de Navidad. Eligen un árbol alto y bonito. Robert y David lo recogen y lo llevan hasta la salida con dificultad. Pagan por sus compras y se van a la salida. Los chicos no ven que hay un servicio de entregas cercano. Robert y David empiezan a cargar el árbol de Navidad ellos mismos. El árbol de Navidad no cabe en el maletero. Así que deciden atarlo a la parte superior del coche. Robert va a la tienda y compra una cuerda fuerte. Robert y David ponen el árbol de Navidad en la parte superior del coche. Simplemente necesitan atarlo fuertemente. En este momento el teléfono de Robert suena en el coche. Lo llama Gabi, su hermana. Robert se mete en el coche y responde la llamada.
"Hola," dice.
"¡Hola, Robert!" dice Gabi.
"¡Hola, Gabi! ¿Cómo estás?" responde Robert. David empieza a atar el árbol de Navidad él mismo. La conversación de Robert y Gabi dura unos tres minutos.
"Robert, ya he atado el árbol de Navidad," dice David, "Tengo que ir al trabajo urgentemente un minuto, así que vete sin mí. Volveré en veinte minutos," concluye David. Su lugar de trabajo está cerca del supermercado y quiere ir a pie.
"De acuerdo. ¿Has atado el árbol de Navidad fuertemente?" pregunta Robert.

Weihnachtsbaum

Robert verbringt seine Freizeit gerne damit Bücher zu lesen. David spielt gerne Computerspiele. Er spielt seiner Schwester und seinen Freunden auch gerne Streiche. Robert und David haben auch gemeinsamen Interessen. Sie mögen Familienfeiern. Weihnachten ist Roberts und Davids Lieblingsfest. Jedes Jahr gehen sie in einen Supermarkt und kaufen einen Weihnachtsbaum. Dieses Jahr gehen Robert und David auch zusammen in einen Supermarkt.
David kauft im Supermarkt Weihnachtsgeschenke für seine Verwandten. Robert kauft Dekorationen für Silvester, Feuerwerke, Masken und lustige Überraschungen. Danach gehen sie einen Weihnachtsbaum aussuchen. Sie wählen einen großartigen, hohen Baum. Robert und David nehmen ihn und tragen ihn mühsam zum Ausgang. Sie zahlen für die Einkäufe und gehen zum Ausgang. Die Jungs sehen keinen Zustelldienst in der Nähe. Robert und David beginnen, den Weihnachtsbaum selbst einzuladen. Der Weihnachtsbaum passt nicht in den Kofferraum. Also beschließen sie, ihn auf das Autodach zu binden. Robert geht in den Laden und kauft ein starkes Seil. Robert und David legen den Weihnachtsbaum auf das Autodach. Sie müssen ihn nur fest anbinden. In diesem Moment klingelt Roberts Handy im Auto. Gabi, seine Schwester, ruft ihn an. Robert steigt in das Auto und hebt ab.
„Hallo", sagt er.
„Hallo, Robert!", sagt Gabi.
„Hallo, Gabi! Wie geht es dir", antwortet Robert. David beginnt, den Baum selbst anzubinden. Roberts und Gabis Gespräch dauert etwa drei Minuten.
„Robert, ich habe den Weihnachtsbaum schon festgebunden", sagt David. „Ich muss schnell für eine Minute in die Arbeit, also fahr schon mal ohne mich. Ich komme in etwa zwanzig Minuten nach", sagt David abschließend. Sein Arbeitsplatz ist nahe beim Supermarkt und er möchte dort zu Fuß hingehen.
„In Ordnung. Hast du den Weihnachtsbaum fest

"No te preocupes. Lo he atado bien. Adiós," responde David, sonríe astutamente a Robert y se va.
Robert conduce hasta la casa de David. Por el camino, otros conductores le sonríen. Robert también les sonríe a ellos. ¡Hoy todos tienen ánimo festivo! Robert conduce hasta la casa de David. Detiene el coche. Robert intenta abrir la puerta. Pero la puerta no se abre. Ahora Robert ve que la cuerda pasa a través de las ventanillas abiertas. No puede salir porque David también ha atado las puertas. Robert llama a los padres de David. La hermana de David responde la llamada.
"Sí," responde la llamada Nancy.
"Nancy, soy Robert. ¿Podrías salir? Y trae unas tijeras, por favor," pide Robert. Nancy sale y ve a Robert sentado dentro del coche y que no puede salir. Empieza a reírse. Además ve un cubo de basura cerca del coche. Robert corta la cuerda y sale del coche. También ve el cubo de basura. Robert ve que la cuerda está atada al cubo de basura. ¡Robert estuvo conduciendo con el cubo de basura detrás todo el camino! ¡Es una broma que David le gastó cuando estaba hablando con Gabi!
"¡Ahora veo por qué sonreían los conductores!" ríe Robert. No está enfadado con David, pero ya sabe qué broma va a gastarle.

angebunden?", fragt Robert.
„Keine Sorge. Ich habe ihn gut festgebunden. Tschüß", antwortet David, lächelt Robert verschmitzt an und geht.
Robert fährt zu Davids Haus. Auf dem Weg lächeln die anderen Fahrer ihn an. Robert lächelt sie auch an. Jeder ist heute in einer festlichen Stimmung! Robert fährt bis zu Davids Haus. Er hält das Auto an. Robert versucht die Tür des Autos zu öffnen. Aber die Tür öffnet sich nicht. Jetzt sieht Robert, dass das Seil durch die offenen Fenster gebunden ist. Er kann nicht aussteigen, weil David auch die Türen angebunden hat. Robert ruft Davids Eltern an. Davids Schwester hebt ab.
„Ja", Nancy ist am Hörer.
„Nancy, hier spricht Robert. Könntest du kurz nach draußen kommen? Und bring bitte eine Schere mit", bittet sie Robert. Nancy geht nach draußen und sieht, dass Robert im Auto sitzt und nicht aussteigen kann. Sie beginnt zu lachen. Außerdem sieht sie eine Mülltonne bei dem Auto. Robert schneidet das Seil durch und steigt aus. Er sieht auch die Mülltonne. Robert sieht, dass das Seil an die Mülltonne angebunden ist. Robert ist die ganze Zeit mit der Mülltonne hinter ihm gefahren! David hat ihm einen Streich gespielt, während er mit Gabi gesprochen hat!
„Jetzt verstehe ich, warum die Fahrer gelächelt haben!", sagt Robert und lacht. Er ist nicht wütend auf David, aber er weiß schon, welchen Streich er ihm spielen wird.

25

Gran incendio
Großes Feuer

A

Palabras

1. acción - Actionfilm
2. apagar - ausschalten
3. cariño - Schatz
4. cigarrillo - Zigarette
5. cine - Kino
6. cómodamente - bequem
7. culpa - Schuld
8. disfruta - (er, sie, es) genießt
9. escena - Szene
10. fotos - Fotos
11. grifo - Wasserhahn
12. incómoda - unruhig, unbequem
13. influencia - Einfluss
14. inundación - Überschwemmung
15. mujer - Ehefrau
16. olvidé - (er, sie, es) vergaß
17. pasar - verbringen
18. película - Film
19. perdona - (er, sie, es) vergibt
20. plancha - Bügeleisen
21. quema - (er, sie, es) brennt
22. se coloca - es sich bequem machen
23. valiosas - wertvoll (Plural)
24. vestíbulo - Vorhalle

B

Gran incendio

Los padres de David y Nancy suelen pasar los fines de semana en casa. Pero hoy Linda y Christian van al cine. Christian cierra la puerta. No hay nadie en casa. David y Nancy fueron a visitar a Robert y Gabi.
Linda y Christian entran en el vestíbulo del cine y toman sus asientos. Comienza la película. Es una película de acción. A Linda y Christian les gustan las películas de acción. De repente Linda dice: "¡Cariño! Me parece que se te olvidó apagar un cigarrillo en casa."
"Solo te lo parece a ti. Todo está bien. Tranquilízate y disfruta la película," responde Christian en voz baja a su mujer.
"Sí, tienes razón, Christian," dice Linda. Se coloca cómodamente en la silla, sonríe y mira la película. Pero de repente aparece una escena de incendio en la película. Linda grita: "¡Christian! ¿Y si yo me olvidé de apagar la plancha?"
"Linda, ¡la película ejerce sobre ti una mala influencia!" dice Christian. Linda intenta calmarse. Pero no dura mucho. Dice otra vez: "Christian, ¿por qué no puedes entenderlo? ¡El fuego lo quema todo - documentos, dinero, fotos, cosas valiosas! ¡No puedo seguir aquí sentada!" Linda se levanta y va a la salida. Christian corre tras ella. Toman un taxi y van a casa. Christian está muy molesto. Quería pasar la noche con su mujer viendo una película interesante.
"Linda, lo siento, ¡pero a veces lo estropeas todo! ¡Tenía muchas ganas de ver una película contigo y después caminar por la ciudad por la noche, ir a una cafetería!" dice Christian. Linda se siente culpable.
"¡Perdóname, Christian! Me siento muy incómoda," le dice Linda a su marido. Christian agradece que su mujer admita su culpa. Llegan a la casa y salen del coche.
"¡Christian!" grita Linda. Miran hacia su casa. ¿Y qué ven? Delante de la casa hay un

Großes Feuer

Die Eltern von David und Nancy verbringen das Wochenende normalerweise zu Hause. Aber heute gehen Linda und Christian ins Kino. Christian schließt die Tür. Es ist niemand zu Hause. David und Nancy sind Robert und Gabi besuchen gegangen. Linda und Christian gehen in den Kinosaal und setzen sich. Der Film beginnt. Es ist ein Actionfilm. Linda und Christian mögen Actionfilme. Plötzlich sagt Linda: „Schatz! Ich glaube, dass du zu Hause vergessen hast eine Zigarette auszumachen."
„Das glaubst du nur. Alles ist in Ordnung. Beruhige dich und genieß den Film", antwortet Christian ruhig seiner Frau.

„Ja, du hast recht, Christian", sagt Linda. Sie macht es sich in ihrem Stuhl bequem, lächelt und schaut den Film. Aber plötzlich gibt es eine Feuerszene im Film. Linda schreit: „Christian! Was ist, wenn ich vergessen habe, das Bügeleisen auszuschalten?"

„Linda, der Film tut dir nicht gut!", sagt Christian. Linda versucht sich zu beruhigen. Aber es dauert nicht lange. Sie sagt noch einmal: „Christian, warum kannst du das nicht verstehen? Feuer verbrennt alles - Unterlagen, Geld, Fotos, Wertsachen! Ich kann hier nicht länger sitzen bleiben!" Linda steht auf und geht zum Ausgang. Christian rennt ihr nach. Sie nehmen ein Taxi und fahren nach Hause. Christian ist sehr traurig. Er wollte den Abend damit verbringen, einen interessanten Film mit seiner Frau zu sehen.

„Linda, es tut mir leid, aber manchmal ruinierst du alles! Ich habe mich sehr darauf gefreut einen Film mit dir anzusehen, dann mit dir in der Stadt nachts spazieren zu gehen und in ein Café zu gehen!", sagt Christian. Linda fühlt sich schuldig.
„Vergib mir, Christian! Ich bin nur so unruhig", sagt Linda zu ihrem Ehemann. Christian freut sich, dass seine Ehefrau ihren Fehler zugibt. Sie kommen bei ihrem Haus an und steigen aus dem Auto.
„Christian!", schreit Linda. Sie schauen auf ihr Haus. Und was sehen sie? Vor dem Haus stehen ein

camión de bomberos y varios policías. Christian y Linda corren al interior de la casa. ¡No hay un incendio, sino una inundación! Linda se olvidó de cerrar un grifo cuando salió con su marido al cine.

Feuerwehrwagen und einige Polizisten. Christian und Linda rennen in das Haus. Dort ist kein Feuer, aber eine Überschwemmung! Linda hatte vergessen einen Wasserhahn abzudrehen, als sie mit ihrem Ehemann ins Kino ging.

26

¡Cuidado con el perro enfadado!
Vorsicht, wütender Hund!

A

Palabras

1. anormalmente - ungewöhnlich
2. cadena - Kette
3. caseta - Hundehütte
4. chocó - gekracht (hier), (er, sie, es) kollidierte
5. conocido - Bekannte
6. conociendo - wissend
7. corrió - losgestürzt (hier), (er, sie, es) rannte
8. disciplinado - diszipliniert
9. escalofrío - Schauder
10. estiró - (er, sie, es) dehnte, ausgedehnt
11. extrañamente - seltsam
12. fuertemente - stark
13. goma - Gummi
14. hilo - Faden
15. humor - Temperament
16. ladrando - bellend
17. ladrar - bellen
18. marca - wählt
19. médico - medizinisch
20. metros - Meter
21. rompió - (er, sie, es) zerriss
22. sin embargo - trotzdem
23. temporal - vorübergehend
24. tiró - geworfen, (er, sie, es) warf
25. torniquete - Tourniquet, Drehkreuz
26. usando - verwendet
27. verja - Tor
28. vi - gesehen, (er, sie, es) sah

B

¡Cuidado con el perro enfadado!

Un día, Robert va a visitar a un conocido. Tiene un perro grande en casa. El perro está normalmente atado a una cadena cerca de su caseta. El aviso en la verja 'Cuidado con el perro enfadado' es completamente cierto. Conociendo el humor del perro, Robert se detiene lejos de la verja y marca el número de teléfono de su conocido. Quiere que su conocido salga y agarre a su perro. Después Robert puede entrar rápidamente en la casa. El perro sin embargo oye a Robert y corre desde la caseta a ladrar. Incluso aunque Robert está separado del perro por una valla, siente un escalofrío en su interior - el enorme perro está atado solo a una cuerda fina, casi un hilo…
Pero esta vez el perro se comporta extrañamente. Corre hacia Robert pero mira hacia atrás, hacia la cuerda, todo el tiempo. Corre hasta un lugar, donde la cuerda se estira un poquito, y se detiene. Y solo entonces empieza a ladrarle fuertemente a Robert. Su conocido sale y sujeta al perro. Robert y su conocido entran en la casa.
"¿Por qué está tan anormalmente disciplinado?" pregunta Robert, "Antes casi rompía la cadena - corría para atacar tan fuertemente."
"No solo la cadena," responde el conocido de Robert, "¿Con qué no lo habré atado? Lo intenté todo. Cuando rompió la última cadena fuerte, no había nada más con qué atarlo. Solo tenía un torniquete médico de goma. Bien, pensé, lo ataré temporalmente hasta que vaya a la tienda por una nueva cadena. Lo até y justo entonces vino un vecino. Así que, como siempre el perro corrió ladrando. ¡Pero esta vez el torniquete de goma se estiró y después tiró del perro hacia atrás alrededor de tres metros! Chocó contra la caseta. Después ocurrió lo mismo unas cuantas veces más. Al día siguiente vi que el perro se había vuelto

Vorsicht, wütender Hund

Eines Tages geht Robert seinen Bekannten besuchen. Er hat einen großen Hund zu Hause. Der Hund ist normalerweise neben seiner Hundehütte angekettet. Der Hinweis auf dem Tor 'Vorsicht, wütender Hund' ist wirklich wahr. Robert kennt das Temperament des Hundes, deshalb bleibt er weit entfernt vom Tor stehen und wählt die Telefonnummer seines Bekannten. Er möchte, dass sein Bekannter herauskommt und den Hund festhält. Dann kann Robert schnell in das Haus gehen.
Der Hund hört Robert trotzdem und kommt aus der Hundehütte um zu bellen. Obwohl Robert durch einen Zaun vom Hund getrennt ist, fühlt er ein Schaudern - der riesige Hund hängt nur an einer dünnen Leine, beinahe einem Faden …

Aber der Hund verhält sich dieses Mal seltsam. Er rennt zu Robert, aber schaut die ganze Zeit zurück auf die Leine. Er rennt, bis sich die Leine ein wenig dehnt, und bleibt dann stehen. Und erst dann beginnt er Robert laut anzubellen. Sein Bekannter kommt aus dem Haus und hält den Hund zurück. Robert und sein Bekannter gehen in das Haus.

„Warum ist er so ungewöhnlich diszipliniert?", fragt Robert. „Früher hat er die Kette beinahe zerrissen - so heftig ist er losgestürzt um zu attackieren."
„Nicht nur die Kette", antwortet Robert Bekannter, „mit was habe ich ihn nicht festgebunden? Ich habe alles versucht. Als er die letzte starke Kette zerrissen hat, hatte ich nichts mehr, um ihn festzubinden. Ich hatte nur noch ein medizinisches Tourniquet aus Gummi. Ich dachte mir, gut, ich werde ihn vorübergehend damit festbinden, bis ich in einen Laden gehe, um eine neue Kette zu kaufen. Ich habe ihn festgebunden und dann kam ein Nachbar vorbei. Also ist der Hund wie immer bellend losgestürzt. Aber dieses Mal hat sich das Tourniquet aus Gummi gedehnt und hat dann den Hund etwa drei Meter zurückgeworfen! Er ist in die Hundehütte gekracht. Das gleiche ist noch ein paar Mal passiert. Am nächsten Tag habe ich gesehen, dass der Hund

cuidadoso. Miraba todo el tiempo que el torniquete no se estirara. No tenía tiempo de ir a comprar una cadena nueva. Y mi madre necesitó el torniquete recientemente. Se lo saqué y se lo di a ella. Ya he estado usando esta cuerda fina varios días. ¡Pero el perro se volvió cuidadoso!"

vorsichtiger wurde. Er hat die ganze Zeit darauf aufgepasst, dass sich das Tourniquet nicht dehnt. Ich hatte keine Zeit eine neue Kette zu kaufen. Und meine Mutter hat das Tourniquet vor kurzem gebraucht. Ich habe es abgenommen und ihr gegeben. Ich habe diese dünne Leine schon sein einigen Tagen verwendet. Aber der Hund ist vorsichtiger geworden!

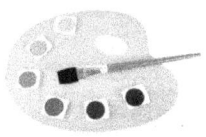

27

El error de Mars
Der Fehler von Mars

Palabras

1. acabado - ausgegangen
2. alfombra - Teppich
3. aparece - (er, sie, es) erscheint
4. archivo - Datei
5. bajo - unter
6. cable - Kabel
7. casero - Hausbesitzer
8. clavija - Stecker
9. cogido - gefangen
10. de un ejecutor - von einem Scharfrichter
11. eléctrico - elektrisch
12. empujar - drücken
13. enchufe - Steckdose
14. exitosamente - erfolgreich
15. huracán - Hurrikan
16. Mars - Mars
17. medieval - mittelalterlich
18. opción - Möglichkeit
19. pantalla - Bildschirm
20. pata - Pfote
21. paz - Friede
22. perdonado - vergeben
23. raras veces - selten
24. sensatas - vernünftig
25. sillón - Lehnstuhl
26. suerte - Glück
27. tiene éxito - (er, sie, es) hat Erfolg

B

El error de Mars

Una noche, David está sentado en un sofá y leyendo una revista. Su madre está sentada cerca, en el ordenador y trabajando un poco. Paz y tranquilidad... Y aquí el gato Mars entra corriendo en la habitación. ¡Es un auténtico huracán casero! En solo cinco segundos corre alrededor de la habitación tres veces, trepa a una alfombra, salta directamente sobre David, después se mete bajo el sofá, sale de allí, se sacude y hace otros cientos de cosas no muy sensatas. Después el gato se sienta en el medio de la habitación y piensa - ¿qué más podría hacer? Jugar con alguien de la familia no es una opción ahora mismo. En ese momento el gato se da cuenta de que hay un cable eléctrico del ordenador. El gato salta sobre un sillón y empieza a jugar con el cable eléctrico. Antes de que a David le de tiempo de hacer nada, el gato se las arregla para acabar la tarea que ha empezado. La clavija eléctrica se sale un poquito del enchufe. Y... ¡el ordenador se apaga! La madre de David mira hacia la pantalla negra y no se da cuenta de lo que está pasando. De repente recuerda que guardó un archivo en el ordenador dos horas antes. Entonces Linda lentamente se gira hacia el gato y una sonrisa de ejecutor medieval empieza a aparecer en su cara. El gato empieza a pensar que el fin de su feliz vida está llegando. Pero ha maullado tan poquito, ha cogido tan pocos ratones, ha jugado tan raras veces con la gata vecina Fedora. Y entonces Mars se gira hacia la clavija que no está completamente fuera del enchufe, y con su pata empieza a empujarla de nuevo dentro del enchufe. Probablemente espera que si puede arreglarlo todo, será perdonado. ¡Y tiene éxito! ¡La clavija se pone en su sitio y el ordenador se enciende! Mars deja rápidamente la habitación y se acuesta junto a una ventana en la cocina. Mira hacia la calle y probablemente piensa que debe tener

Der Fehler von Mars

Eines Abends sitzt David auf dem Sofa und ließt eine Zeitschrift. Seine Mutter sitzt in der Nähe am Computer und erledigt ein bisschen Arbeit. Es ist ruhig und still ... Und dann kommt der Kater Mars in das Zimmer gestürzt. Er ist ein wirklicher Hurrikan im Haushalt! In nur fünf Sekunden rennt er drei Mal durch das Zimmer, klettert auf einen Teppich, springt von dort direkt zu David, rennt dann unter das Sofa, kommt wieder hervor, schüttelt sich und macht hundert andere nicht sehr vernünftige Dinge. Dann sitzt der Kater in der Mitte des Zimmers und überlegt - was sollte er sonst noch machen? Mit jemandem aus der Familie zu spielen ist gerade nicht möglich. In diesem Moment bemerkt der Kater das Stromkabel des Computers. Der Kater springt auf einen Lehnstuhl und beginnt mit dem Stromkabel zu spielen. Bevor David irgendetwas unternehmen kann, gelingt es dem Kater die Aufgabe zu beenden, die er angefangen hat. Der Stromstecker kommt ein Stück aus der Steckdose. Und ... der Computer schaltet sich aus! Davids Mutter schaut auf den schwarzen Bildschirm und merkt nicht, was gerade passiert. Plötzlich erinnert sie sich daran, dass sie die Datei vor zwei Stunden auf dem Computer gespeichert hat. Dann dreht sich Linda langsam in Richtung des Katers und man kann das Lächeln eines mittelalterlichen Scharfrichters in ihrem Gesicht erkennen. Der Kater beginnt zu fühlen, dass das Ende seines glücklichen Lebens naht. Aber er hat so wenig miaut, hat so wenige Mäuse gefangen, hat so selten mit der Nachbarkatze Fedora gespielt. Und dann dreht sich Mars zu dem Stecker, der nicht ganz aus der Steckdose gerutscht ist, und beginnt ihn mit seiner Pfote wieder in die Steckdose zu drücken. Er hofft wahrscheinlich, dass ihm vergeben wird, wenn er alles reparieren kann. Und er hat Erfolg! Der Stecker steckt in der Steckdose und der Computer schaltet sich ein! Mars verlässt schnell das Zimmer und legt sich neben ein Fenster in der Küche. Er schaut auf die Straße und denkt

suerte de que todo haya terminado tan exitosamente.

wahrscheinlich, dass er sehr viel Glück hatte, dass alles so erfolgreich ausgegangen ist.

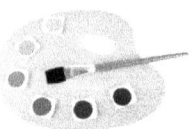

28

Colándose en la cola
Sich vordrängeln

Palabras

1. antiguo - früherer
2. barra - Laib
3. caja - Bargeld, Kasse
4. circunstancias - Umstände
5. colándose - sich vordrängeln
6. compadre - Kerl, Junge
7. compañero de colegio - Schulfreund
8. contra - gegen
9. conveniencia - Zweckmäßigkeit
10. descaro - Unverschämtheit
11. desde - seit
12. dichas - gesagt, genannt, erwähnt (feminin/Plural) / dichos (maskulin/Plural)
13. director - Geschäftsführer
14. disculpe - entschuldige
15. enojada - empört (feminin) / enojado (maskulin)
16. esos - diese (Plural)
17. explicación - Erklärung
18. kilogramo - Kilogramm
19. modesto - bescheiden
20. muestras - Proben
21. organización - Organisation
22. orgullosamente - stolz
23. pan - Brot
24. pisaban - sie stiegen (Plural)
25. queso - Käse
26. rabiosamente - wütend
27. registradora - Kasse, die
28. riesgo - Risiko

29. salchicha - Wurst
30. se dirige - spricht an
31. señor - Herr
32. sujeta - gibt Halt, hält fest
33. supervisora - überwachend

34. tomate - Tomate
35. vendedora - Verkäuferin
36. vendidos - verkauft (Plural)
37. venganza - Rache
38. zumo - Saft

Colándose en la cola

Un día David va a una tienda de conveniencia a comprar salchichas y queso. Hay un montón de gente en la tienda. David coge sitio en la cola y mira alrededor. El antiguo compañero de David, Michael, entra en la tienda y va directamente a la caja registradora, sin prestar ninguna atención a la cola. Michael era un chico modesto en el colegio. Si alguien le pisaba el pie, era él quien se disculpaba. No ha cambiado desde entonces, y si decidió saltarse la cola, entonces las circunstancias son muy serias, seguro. Habiéndose disculpado ante la cola varias veces, Michael se dirige a la vendedora por su nombre: "Julia, dame un kilogramo de salchichas, una barra de pan y un paquete de zumo de tomate, por favor."
Sorprendida por un momento de semejante descaro, la cola se siente enojada con Michael. Michael dice 'Lo siento' o 'Disculpe' ante cada una de las frases dichas en su contra. Cuando se disculpa una vez más y se separa de la cola, la gente habla con la vendedora pidiendo una explicación.
"¡Hola, Michael!" le dice David con una sonrisa, "¿Cómo estás, viejo compadre?"
"¡David!" dice Michael, "¡Hola, querido! ¡Hace mucho que no nos vemos!"
Pero la gente de la cola no se tranquiliza. Una pequeña anciana exige ver al director.
"Señor director," dice la vendedora al antiguo compañero de colegio de David, "¡Están exigiendo hablar con usted!"
"¡Aunque sea el director, todavía no tiene derecho a romper las reglas!" grita la anciana con rabia. Golpea la pierna de Michael con su bolsa y se marcha de la tienda orgullosamente.

Sich vordrängeln

Eines Tages geht David in den Laden an der Ecke um Wurst und Käse zu kaufen. Es sind viele Leute im Laden. David stellt sich in der Schlange an und sieht sich um. Davids früherer Schulfreund, Michael, betritt den Laden und geht direkt zur Kasse, ohne die Schlange zu beachten. Michael war ein bescheidener Junge in der Schule. Wenn jemand auf seinen Fuß stieg, war er es, der sich entschuldigte. Er hatte sich seitdem nicht verändert und wenn er beschloss, sich vorzudrängen, dann mussten die Umstände sehr ernst sein. Er hatte sich mehrmals bei den Leuten in der Schlange entschuldigt und spricht nun die Verkäuferin mit ihrem Namen an: „Julia, gib mir ein Kilogramm Wurst, einen Laib Brot und eine Packung Tomatensaft, bitte."
Überrascht von dieser Unverschämtheit, zeigen sich die Leute in der Schlange empört über Michael. Michael antwortet 'Es tut mir leid' oder 'Entschuldigung' auf jeden Satz, der gegen ihn gerichtet ist. Als er sich noch einmal entschuldigt und von der Schlange weggeht, reden die Leute mit der Verkäuferin und fordern eine Erklärung.
„Hallo, Michael!", sagt David zu ihm und lächelt, „wie geht es dir, alter Junge?"
„David!", sagt Michael, „hallo, mein Lieber! Lange nicht gesehen!"
Aber die Leute in der Schlange beruhigen sich nicht. Eine kleine alte Frau verlangt den Geschäftsführer.
„Herr Geschäftsführer", sagt die Verkäuferin zu Davids früherem Schulfreund, „man verlangt nach Ihnen!"
„Auch wenn Sie der Geschäftsführer sind, haben Sie trotzdem kein Recht, die Regeln zu brechen!", schreit die alte Frau wütend. Sie schlägt Michaels

David sujeta a Michael para que no se caiga. Miran hacia las demás personas de la cola con precaución. Pero esos están satisfechos con la venganza de la anciana y se dan la vuelta ante ellos.

"Una organización supervisora demanda urgentemente muestras de algunos alimentos vendidos en nuestra tienda," explica Michael a David, "No pensé que correría un riesgo cuando le pedí a la vendedora que me diera esas muestras."

Bein mit ihrer Tasche und verlässt stolz den Laden. David hält Michael fest, damit er nicht umfällt. Sie sehen die anderen Leute in der Schlange mit Vorsicht an. Aber die sind mit der Rache der alten Frau zufrieden und drehen sich von ihnen weg.

„Eine Kontrollfirma fordert dringend Proben von Nahrungsmitteln, die in unserem Laden verkauft werden", erklärt Michael David. „Ich dachte mir nicht, dass ich ein Risiko eingehen würde, indem ich die Verkäuferin bitte, mir diese Proben zu geben."

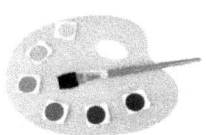

29

Asiento número trece
Sitzplatz Nummer dreizehn

A

Palabras

1. alegremente - erfreut
2. asiento - Sitzplatz
3. ayer - gestern
4. besa - (er, sie, es) küsst
5. borra - (er, sie, es) löscht
6. bus - Bus
7. cargarlo - aufladen
8. casarse - heiraten
9. cerrar - ausloggen, schließen
10. conexión - Verbindung
11. conocido - Bekannte
12. cuenta - Account
13. ejercicio - Übung
14. ejército - Heer
15. enrolar - beitreten
16. español - Spanisch
17. estudiar - lernen
18. frases - Sätze
19. inesperadamente - unerwartet
20. libro de texto - Arbeitsbuch
21. llama - (er, sie, es) ruft an
22. llorar - weinen
23. luz - Licht
24. mensaje - Nachricht
25. no puede - (er, sie, es) kann nicht
26. parte - (er, sie, es) fährt ab
27. perder - vergeuden
28. perfil - Profil
29. portátil - Laptop
30. preocupada - besorgt (feminin) / preocupado (maskulin)
31. puso - postete, setzen, stellen, legen
32. sonar - läuten
33. tablet - Tablet
34. texto - Text
35. traducir - übersetzen
36. transcurren - sie vergehen (Plural)
37. tranvía - Straßenbahn
38. trece - dreizehn
39. túnel - Tunnel
40. Twitter - Twitter

Asiento número trece

Robert va a visitar a su amiga Elena. No quiere que ella lo sepa porque quiere llegar inesperadamente. Quiere pedirle que se case con él.

Robert compra un billete de autobús. Lleva dos horas llegar allí. Robert no quiere perder este tiempo. Se lleva un libro con él. Quiere estudiar español.

Robert entra en el bus. Tiene el asiento número trece. Un hombre está sentado a su lado. El bus parte de la estación. Robert saca su libro de texto. Empieza a hacer el primer ejercicio. Robert tiene que traducir un texto. Traduce solo dos frases, cuando su teléfono empieza a sonar. Es David quien llama.

"Hola Robert. ¿Es cierto?" pregunta David.

"Sí, es cierto," responde Robert, "Bueno… ¿cómo lo descubriste?"

"Lo leí en Twitter. ¡Es genial! Es una pena que no nos vayamos a ver pronto. ¡Te deseo buena suerte!" dice David, y termina la conversación.

Robert no comprende. ¿Por qué no se van a ver pronto? Tampoco puso en Twitter que iba a pedirle a Elena que se casara con él. Robert saca el libro de texto de nuevo. Intenta estudiar español. Transcurren alrededor de quince minutos. El teléfono vuelve a sonar. El número de teléfono de Lena está en la pantalla.

"Hola Robert," dice Lena.

"Hola Lena," responde Robert.

"¿Por qué no me lo dijiste?" Elena empieza a llorar, "Te esperaré…"

El bus entra en un túnel y la conexión se rompe. Robert está confundido. Mira hacia el libro de texto, pero no puede estudiar. Piensa en las extrañas llamadas. Después ve el número trece de su asiento. Robert se siente intranquilo. Saca el teléfono para llamar a Elena. La pantalla del teléfono no se enciende. Robert se olvidó de cargarlo.

Sitzplatz Nummer dreizehn

Robert fährt seine Freundin Elena besuchen. Er sagt ihr nicht Bescheid, weil er unerwartet kommen will. Er möchte sie fragen, ob sie ihn heiraten will.

Robert kauft eine Fahrkarte für den Bus. Die Fahrt dorthin dauert zwei Stunden. Robert möchte seine Zeit nicht vergeuden. Er nimmt ein Arbeitsbuch mit. Er möchte Spanisch lernen.

Robert steigt in den Bus. Er hat Sitzplatz Nummer dreizehn. Ein Mann setzt sich neben ihn. Der Bus fährt vom Busbahnhof ab. Robert nimmt sein Arbeitsbuch heraus. Er beginnt mit der ersten Übung. Robert muss einen Text übersetzen. Er übersetzt nur zwei Sätze, dann beginnt sein Handy zu läuten. David ruft gerade an.

„Hallo, Robert. Ist es wahr?", fragt David.

„Ja, es ist wahr", antwortet Robert, „also … wie hast du davon erfahren?"

„Ich habe es auf Twitter gelesen. Es ist großartig! Es ist schade, dass wir uns länger nicht sehen. Ich wünsche dir viel Glück!", sagt David und beendet das Gespräch.

Robert versteht nichts. Warum werden sie sich länger nicht sehen? Er hat auch nicht auf Twitter gepostet, dass er zu Elena fährt, um sie zu bitten, ihn zu heiraten. Robert nimmt sein Textbuch wieder heraus. Er versucht Spanisch zu lernen. Es vergehen ungefähr fünfzehn Minuten. Das Handy läutet noch einmal. Lenas Telefonnummer erscheint auf dem Bildschirm.

„Hallo, Robert", sagt Lena.

„Hallo, Lena", antwortet Robert.

„Warum hast du mir nichts davon erzählt?", sagt Elena und beginnt zu weinen, „ich werde auf dich warten …"

Der Bus fährt in einen Tunnel und die Verbindung wird unterbrochen. Robert ist verwirrt. Er schaut in sein Arbeitsbuch, aber er kann nicht lernen. Er denkt an die seltsamen Anrufe. Dann sieht er die Zahl dreizehn auf seinem Sitzplatz. Robert wird unruhig. Er nimmt sein Handy heraus, um Elena anzurufen. Der Bildschirm des Handys leuchtet nicht auf. Robert hat vergessen es aufzuladen.

El bus llega a la ciudad de Elena una hora después. Robert sale de la estación y toma un tranvía hasta la casa de Elena. Llega a su casa inesperadamente y Lena está muy preocupada.
"Hola Lena," le dice, y la abraza.
"Hola Robert," responde Elena. Está contenta de que Robert viniera. Lo besa.
"¿Por qué me dijiste que me esperarías?" pregunta Robert, "¿Esperar a que vuelva de dónde?"
"Leí en Twitter que vas a enrolarte en el ejército," dice.
Robert recuerda que ayer por la noche escribió algo en Twitter en la tablet de un conocido y se olvidó de cerrar sesión en su perfil. Robert comprende que su conocido le gastó una broma. Le pide a Lena que encienda su portátil. Entra en su cuenta y borra el mensaje "Voy a enrolarme en el ejército." Robert y Elena ríen. Robert llama a David y le cuenta toda esta historia. También dice que Lena aceptó casarse con él.
"¡Estoy realmente contento de que vayas a casarte en lugar de enrolarte en el ejército!" Dice David alegremente.

Der Bus kommt eine Stunde später in Elenas Stadt an. Robert verlässt den Busbahnhof und nimmt die Straßenbahn zu Elenas Haus. Er kommt unerwartet zu ihrem Haus und Lena ist sehr besorgt.
„Hallo, Lena", sagt er und umarmt sie.
„Hallo, Robert", antwortet Elena. Sie freut sich, dass Robert gekommen ist. Sie küsst ihn.
„Warum hast du mir gesagt, dass du auf mich warten würdest?", fragt Robert. „Auf mich warten um von wo zurückzukommen?"
„Ich habe auf Twitter gelesen, dass du dem Heer beitreten willst", sagt sie.
Robert erinnert sich, dass er gestern Abend auf dem Tablet seines Bekannten etwas auf Twitter gepostet hat, und dass er vergessen hat, sich aus seinem Account auszuloggen. Robert merkt, dass sein Bekannter ihm einen Streich gespielt hat. Er bittet Lena, ihren Laptop einzuschalten. Er loggt sich in seinen Account ein und löscht die Nachricht 'Ich werde dem Heer beitreten'. Robert und Elena lachen. Robert ruft David an und erzählt ihm die ganze Geschichte. Er erzählt ihm auch, dass Lena zugestimmt hat, ihn zu heiraten.
„Ich freue mich sehr, dass du heiraten wirst statt dem Heer beizutreten!", sagt David erfreut.

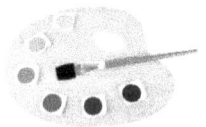

30

Tareas
Hausaufgabe

Palabras

1. clase - Unterricht
2. competente - tüchtig
3. contento - glücklich
4. espantosamente - fürchterlich
5. grado - Klasse
6. hecho - gemacht
7. hoja - Blatt
8. regaña - (er, sie, es) schimpft
9. sin revisar - unkorrigiert
10. solo - einzigen
11. tarde - Nachmittag
12. tonto - dumm

Tareas

Nancy va en tercer grado en la escuela. Linda y Christian prestan mucha atención a sus estudios. Siempre revisan sus tareas. Pero es difícil para ellos revisar español. Así que

Hausaufgabe

Nancy geht in der Schule in die dritte Klasse. Linda und Christian geben sehr viel Acht auf ihre Studien. Sie korrigieren immer ihre Hausaufgaben. Aber es fällt ihnen schwer, Spanisch zu korrigieren. Also

David siempre revisa español. Nancy es una niña competente. Pero no estudia español bastante. Así que David la ayuda a estudiar mucho.

Después de algún tiempo Nancy empieza a hacer los ejercicios sin errores. Christian y Linda están muy contentos de que estudie español bien.

Una vez cada noche David siempre revisa la tarea de su hermana en español. Ve que todo está correctamente hecho. No hay ni un solo error. David está muy contento. Muestra la tarea de su hermana a Christian y Linda. Todos están muy contentos y alaban a Nancy.

Pero la mañana siguiente Linda ve una hoja de papel con la tarea que David revisó ayer sobre el pupitre de su hija. Linda se da cuenta de que su hija se ha olvidado esta hoja de papel sobre el pupitre. Está preocupada por su hija, porque ha ido a clase sin su tarea hoy.

Nancy vuelve a casa por la tarde y Linda le pregunta:

"¿Te has olvidado tu tarea de español para hoy?" dice, "¿Ahora te han puesto una nota baja en ello?"

"No, mamá" le responde la hija, "Está bien la tarea. He sacado una buena nota. ¿Por qué piensas eso?" dice Nancy sorprendida.

"¿Has sacado una buena nota?" Linda también está sorprendida, "¿Pero cómo es posible? Está aquí, sobre el pupitre. Esta es tu tarea de hoy, la que revisó David."

"Es la tarea de ayer," le explica la hija, "La revisamos en clase ayer."

Linda no puede comprender qué está pasando…

"¿Y por qué le pediste a David que revisara una tarea antigua que ya había sido revisada en clase?" pregunta Linda, "¿Por qué no le pediste que revisara la tarea que te han dado para hoy?"

"Por qué no puedes entender," le dice la hija, "Sería tonto mostrarle trabajo sin revisar. ¡David me grita y regaña espantosamente por cada error! Así que le doy la tarea de ayer que ya hemos revisado en el colegio."

korrigiert David immer Spanisch. Nancy ist ein tüchtiges Mädchen. Aber es fällt ihr schwer, gut Spanisch zu lernen. Also hilft ihr David viel zu lernen. Nach einiger Zeit beginnt Nancy alle Übungen ohne Fehler zu machen. Christian und Linda freuen sich, dass sie so gut Spanisch lernt.

Eines Abends korrigiert David wie immer die Spanischhausübung seiner Schwester. Er sieht, dass alles richtig gemacht ist. Es gibt keinen einzigen Fehler. David freut sich sehr. Er zeigt die Hausübung seiner Schwester Christian und Linda. Alle sind sehr glücklich und loben Nancy.

Aber am nächsten Morgen sieht Linda ein Blatt Papier mit der Hausübung, die David gestern korrigiert hat, auf dem Tisch ihrer Tochter. Linda merkt, dass ihre Tochter das Blatt Papier auf dem Tisch vergessen hat. Sie macht sich Sorgen um ihre Tochter, weil sie heute ohne ihre Hausübung in den Unterricht gegangen ist.

Nancy kommt am Nachmittag nach Hause und Linda fragt sie:

„Hast du heute deine Hausübung für Spanisch vergessen?", fragt sie, „Und hast du jetzt eine schlechte Note dafür bekommen?"

„Nein, Mama", antwortet ihr ihre Tochter, „Die Aufgabe war in Ordnung. Ich habe eine gute Note bekommen. Warum glaubst du das?", sagt Nancy überrascht.

„Du hast eine gute Note bekommen?", Linda ist auch überrascht, „Aber wie ist das möglich? Sie liegt hier auf dem Tisch. Das ist die Hausübung für heute, die David korrigiert hat."

„Das ist die Hausübung von gestern", erklärt ihr ihre Tochter, „wir haben sie gestern im Unterricht korrigiert."

Linda versteht nicht, was los ist...

„Und warum hast du David gebeten, eine alte Hausübung zu korrigieren, die schon im Unterricht korrigiert wurde?", fragt Linda, „Warum hast du ihn nicht gebeten, die Aufgabe zu korrigieren, die du für heute bekommen hast?"

„Warum kannst du das nicht verstehen", sagt ihre Tochter zu ihr, „es wäre dumm, ihm unkorrigierte Arbeiten zu zeigen. David schreit mich an und schimpft fürchterlich mit mir wegen jedes Fehlers! Deshalb gebe ich ihm die Aufgaben von gestern, die wir schon in der Schule korrigiert haben."

Wörterbuch Spanisch-Deutsch

a menudo - oft
a sí mismo - sich selbst
a veces - manchmal
abierta - offen
abraza - (er, sie, es) umarmt
acabado - ausgegangen
acariciando - steichelnd
accidentalmente - versehentlich
acción - Actionfilm
aceptable - akzeptabel
acompaña - (er, sie, es) begleitet
aconseja - (er, sie, es) empfiehlt
acordarse - sich erinnern
activa - aktiv
acuario - Aquarium
acuerdo - entsprechend (hier), Übereinkunft, Vereinbarung
adecuado - geeignet
adelanta - überholt
además - außerdem, zudem
adiós - tschüß
adjuntada - befestigt
adjunto - stellvertretender
admira - (er, sie, es) bewundert
admito - (er, sie, es) gibt zu, (er, sie, es) lässt zu; gestattet
agua - Wasser
ahora - jetzt
al azar - zufällig
al lado - an der Seite, daneben, nebenan
alabar - loben
alacenas - Schränke
alcanza - erreicht
aldea - Dorf
alegre - fröhlich
alegremente - erfreut, fröhlich, vergnügt
alfombra - Teppich
algo - etwas
alguien - irgendjemand, jemandem
algún sitio - irgendwo
algunos - einige
alimenta - (er, sie, es) füttert
allí - dort
alma - Seele
alrededor - herum, ringsherum

alternativa - Alternative
alto - hoch
amable - nett
amanecer - Tagesanbruch
amarillo - gelb
ambiente - Umgebung
amigo - Freund
amigos - Freunde
amor - Liebe
anciana - alt
animadamente - fröhlich
animal - Tier
anormalmente - ungewöhnlich
antes - bevor, früher
antigua - alte
antiguo - früherer
año - Jahr
años - Jahre
apagar - ausschalten
aparearse - ein Paar bilden (hier), sich paaren
aparece - (er, sie, es) erscheint, wird sichtbar
apariencia - Erscheinung
aparta - verjagen (hier), entfernen, beiseite legen, weg
apartamento - Wohnung
apenas - nur
aperitivo - Snack
apetitoso - verlockend
aprendió - (er, sie, es) lernte
aprieta - (er, sie, es) drückt
aquí - hier
árbol - Baum
archivo - Datei
arquitecto - Architekt
arreglar - reparieren
arte - Kunst
artículos - Paragrafen
artista - Künstler
ascensor - Aufzug
aseando - putzt sich (hier), zurecht gemacht
así que - sodass
asiático - asiatisch
asiente - (er, sie, es) nickt
asiento - Sitzplatz
asignatura - Unterrichtsfach

asistir - teilnehmen
asombro - Erstaunen
astutamente - verschmitzt, erschlichen
astuto - verschmitzt
asuntos - Angelegenheiten
asustada - verängstigt
ata - (er, sie, es) bindet
ataca - (er, sie, es) attackiert
atan - sie binden (Plural)
atención - Achtung
atenta - aufmerksam
atrás - zurück
atrevida - gewagt
aula - Klassenzimmer
aunque - jedoch, obwohl
auténtica - wirklich
autor - Autor
aventuras - Abenteuer
avergonzados - verlegen, verschämt (Plural)
avión - Flugzeug
avisarla - Bescheid sagen
ayer - gestern
ayuda - hilft
baja - herauskommen (hier), fallen, sinken, herunter kommen, niedrig
bajo - unter
banco - Bank
bañador - Badeanzug
bárbaro - Barbar
barra - Laib
bastante - ziemlich
basura - Müll
bebe - (er, sie, es) trinkt
beben - sie trinken (Plural)
beber - trinken
beige - beige
belleza - Schönheit
beneficiencia - Spenden, Wohltätigkeit
besa - (er, sie, es) küsst
Biblia - Bibel
biblioteca - Bibliothek
bien - gut
bien alimentado - gut gefüttert
billete - Ticket
blanco - weiß
boca - Mund
bolsa - Tasche

bonificaciones - Bonuszahlungen
bonito - hervorragend, großartig, schön
borra - (er, sie, es) löscht
bosque - Wald
brazos - Arme
bribón - Schurke
brilla - (er, sie, es) scheint
brillante - leuchtend
broma - Streich
bromean - sie machen Spaß (Plural)
bueno - gut
bus - Bus
cabe - (er, sie, es) passt
cabello - Haar
cabeza - Kopf
cabina - Fahrerhaus
cable - Kabel
cada - jede
cadena - Kette
cae - fällt
café - Kaffee
cafetería - Café
caja - Bargeld, Kasse
cajón - Schublade
calle - Straße
calmadamente - ruhig
cama - Bett
camarero - Kellner
cambiar - ändern
caminando - gehend, spazierend
camiones - Lastwägen
campo - Arbeitsbereich
cansada - müde
cantan - sie singen (Plural)
cantando - singend
capital - Hauptstadt
caprichoso - launisch
cara - Gesicht
caramelo - Bonbon
carga - (er, sie, es) lädt
cargar - einladen
cargarlo - aufladen
cariño - Schatz
caro - teuer
carretera - Straße
carta - Brief, Speisekarte
casa - Haus

casado - verheiratet
casaron - heirateten
casarse - heiraten
casero - Hausbesitzer
caseta - Hundehütte
caso - Fall
catedral - Kathedrale
caza - fängt, jagt
celebración - Feier
cena - Abendessen
centímetros - Zentimeter
centro - Zentrum
ceño - Stirnrunzeln
cerca - nahe
cercana - in der Nähe
cerrar - ausloggen, schließen
cestos - Körbe
chamán - Schamane
champiñón - Pilz
chat - Chat
chef - Koch
chico - Junge
chicos - Jungs
chocó - gekracht (hier), (er, sie, es) kollidierte
cientos - hundert
cierto - wahr
cigarrillo - Zigarette
cinco - fünf
cine - Kino
circunstancias - Umstände
ciudad - Stadt
ciudad de residencia - Heimatstadt
claramente - deutlich
claro - klar
clase - Unterricht
clavija - Stecker
cliente - Kunde
coche - Auto
cocina - Küche
cocinar - kochen
cocodrilo - Krokodil
coge - (er, sie, es) nimmt
cogido - gefangen
cogió - (er, sie, es) nahm
coincide - übereinstimmt
colándose - sich vordrängeln
colegas - Kollegen

colegio - Schule
colgando - hängt
collar - Halsband
come - (er, sie, es) isst
comer - essen
comida - Futter (hier), Essen, Speise, Mittagessen (hier),
cómo - wie
cómodamente - bequem
compadre - Kerl, Junge
compañero de colegio - Schulfreund
compartimento - Abteil
competente - tüchtig
completamente - ganz, komplett
complicado - kompliziert
compone - (er, sie, es) verfasst
composición - Aufsatz
compra - (er, sie, es) kauft; Einkauf / compras - Einkäufe
comprado - gekauft
comprar - kaufen
comprende - (er, sie, es) versteht
comprendió - (er, sie, es) verstand
comprobar - überprüfen
con - mit
con descontento - unzufrieden
con entusiasmo - aufgeregt, enthusiastisch
con satisfacción - zufrieden
concepto - Konzept
concluye – abschließen, abschließend
conduce - (er, sie, es) fährt
conductor - Fahrer
conexión - Verbindung
confesión - Geständnis
confirmado - bestätigt
confundida - verwirrt
confusión - Verwirrung
conocido - bekannt, Bekannte
conociendo - wissend
conocimiento - Wissen
considera - (er, sie, es) hält sich
construcción - Bau
constructores - Bauarbeiter
consulta - Arztpraxis
contento - glücklich
continúa - weitermachen
continuó - (er, sie, es) ging weiter

contra - gegen
contraste - Kontrast
contrata - (er, sie, es) stellt ein
convence - (er, sie, es) überzeugt
convencional - gewöhnlich
conveniencia - Zweckmäßigkeit
conversación - Gespräch
convincente - überzeugend
copiando - kopieren
copié - (er, sie, es) kopierte
corre - (er, sie, es) rennt
correa - Leine
correctamente - richtig
corregir - korrigieren
correr - rennen
corriendo - laufend
corrió - losgestürzt (hier), (er, sie, es) rannte
cortadas - geschnitten
corto - kurz
cosa - Ding
costumbres - Bräuche
crece - (er, sie, es) wächst
crecer - heranwachsen
cree - (er, sie, es) glaubt
cruce - Kreuzung
cuadro - Bild
cualquier - irgendein, etwas, irgendjemand
cuándo - wann
cuando - wie
cuarenta - vierzig
cuarto - vierte
cuatro - vier
cubo - Eimer
cuelga - (er, sie, es) legt auf
cuelgan - sie hängen (Plural)
cuenta - Account, Rechnung
cuerda - Seil
cuero - Leder
cuestan - sie kosten (Plural)
cuidadosamente - genau, sorgfältig
cuidadoso - gewissenhaft
cuidas - du kümmerst (dich)
culinario - kulinarisch
culpa - Schuld
culpable - schuldig
cumpleaños - Geburtstag
cumplido - Kompliment

curioso - neugierig
da - (er, sie, es) gibt
da clase - (er, sie, es) hält Vorlesung
dado - gegeben
dando - geschenkt
dar - schenken
de - von
de acuerdo - in Ordnung
de Ann - Anns
de cerca - von nahem
de colores - farbige
de constructor - des Bauarbeiters
de más abajo - unterste
de muñecas - Puppen-
de nada - bitte
de ocho años - achtjährige
de primera - erstklassig
de puntillas - auf Zehenspitzen
de repente - plötzlich
de Robert - Roberts
de todas formas - jedenfalls
de un ejecutor - von einem Scharfrichter
debe - (er, sie, es) müssen
debería - sollte
decide - (er, sie, es) entscheidet
decidí - ich beschloss
décimo - zehnten
decoraciones - Dekorationen
dedo - Finger
defecto - Defekt
definitivamente - auf jeden Fall, definitiv
deja - (er, sie, es) lässt
deja caer - (er, sie, es) lässt fallen
dejaría - würde lassen
del perro - des Hundes
delante - vor
delicioso - köstlich
dental - dental, Zahn-
dentista - Zahnarzt
dentro - Innere
departamento - Fachbereich
desagradable - unerfreulich
desaparecido - weg, verschwunden
descansa - ruht sich aus
descaro - Unverschämtheit
desconsideradamente - gedankenlos
descubrir - erwischen (hier), entdecken

desde - seit
desesperado - verzweifelt
desgraciadamente - unglücklicherweise
desmayado - ohnmächtig
despacio - langsam
despedido - gefeuert
despedir - entlassen
despido - Entlassung
despierta - (er, sie, es) wacht auf
después - nach, später
detalle - Detail
detener - aufhören, festnehmen
detrás - hinter
día - Tag
días - Tage
dice - (er, sie, es) erzählt, (er, sie, es) sagt
dichas - gesagt, genannt, erwähnt (feminin/Plural) / dichos (maskulin/Plural)
dicho - (er, sie, es) sagte / ha dijo - (er, sie, es) hat gesagt
diciendo - sagend
diente - Zahn
diez - zehn
diferente - anders
difíciles - schwierig
dificultad - Mühe
dinero - Geld
dios - Gott
dirección - Adresse, Richtung
directamente - direkt, gerade
director - Geschäftsführer, Leiter
disciplinado - diszipliniert
disculpe - entschuldige
discuten - diskutieren
disfruta - (er, sie, es) genießt
disgustado - verstimmt; wütend
disputa - Streit
divertida - lustig
doctor - Arzt
documentos - Unterlagen
dólares - Dollar
dolor de muelas - Zahnschmerzen
domingo - Sonntag
donde - wo
dormido - schläft
dormir - schlafen
dos - zwei

dubitativamente - zögerlich
duda - (er, sie, es) zweifelt
duerme - (er, sie, es) schläft
dulces - Süßigkeiten
duramente - schroff
durante - während
durmiendo - schlafend
duro - schwer, hart, fest
echa de menos - vermisst
echar - feuern
edición - Ausgabe
edificios - Gebäude
educadamente - freundlich
ejercicio - Übung
ejército - Heer
el - der
él - er
eléctrico - elektrisch
electrónica - Elektronik
elige - (er, sie, es) wählt
eliminar - beheben (hier), eliminieren, löschen
ella - sich, sie
ellos - sie, ihnen
ellos mismos - sie selbst
e-mail - E-Mail
emisores - Vermittlung
empezó - begann
empieza - (er, sie, es) beginnt, (er, sie, es) startet
empleado - Angestellte
empresa - Firma
empujar - drücken
en - in, auf, bei, zu
en dos - auseinander, in zwei
en punto - pünktlich
en silencio - still
en vez de - statt
enamora - (er, sie, es) verliebt sich
encantadora - bezaubernde
enchufe - Steckdose
encierran - sie sperren ein (Plural)
encontrado - gefunden
encontrar - finden
encontrarse - sich treffen
enfadada - wütend
enferma - krank
enfermo - krank

enfriando - abgekühlt
engrasar - einfetten
enojada - empört (feminin) / enojado (maskulin)
enorme - riesig
enrojeciendo - errötet
enrolar - beitreten
enseña - (er, sie, es) unterrichtet
entonces - dann
entornada - einen Spalt offen stehend
entra - (er, sie, es) betritt
entrega - Lieferung
entrenado - trainiert
entrevistar - abprüfen (hier), ausfragen, interviewen
enviado - gesendet
enviarle - senden
envolverlo - einpacken
equipaje - Gepäck
era - war
error - Fehler
es - ist
esa - solch
escaleras - Stiegen, Treppen
escalofrío - Schauder
escena - Szene
escribe - (er, sie, es) schreibt
escrito - geschrieben
escritor - Schriftsteller
escucha - (er, sie, es) hört, (er, sie, es) hört zu
escuchando - zuhörend; esta escuchande - (er, sie, es) hört zu
escuchar - hören
escuchó - (er, sie, es) hörte
escultura - Skulptur
escurrirse - entwischen, ausrutschen, entgleiten
esos - diese (Plural)
espantosamente - fürchterlich
espantoso - grauenvoll
español - Spanisch
Esparta - Sparta
especialidad - Spezialität
especialmente - besonders
espejo - Spiegel
espera - (er, sie, es) wartet
esperaban - sie erwarteten (Plural)

esperando - erwartetend / esta esperando - (er, sie, es) wartet / estan esperando - sie warten
espero - hoffe
espíritu - Stimmung (hier), Geist
esquina - Ecke
está - ist; está en pie - steht
está de acuerdo - (er, sie, es) ist einverstanden
está tumbado - liegt
estación - Busbahnhof, Bahnhof
estado - gewesen
este - diese
estilo - Stil
estiró - (er, sie, es) dehnte, ausgedehnt
estos - diese
estoy - ich bin
estrictamente - streng
estricto - streng
estropear - ruinieren
estudiante - Student/Studentin
estudiar - lernen, studieren
estudios - Studien
estúpida - blöde
eternidad - Ewigkeit
eterno - endlos
exactamente - genau
examen - Prüfung, Test
examinar - überprüfen
excelente - großartig
excrementos - Exkremente
exigente - fordernd
exitosamente - erfolgreich
exótica - exotisch
experiencia - Erfahrung
explica - (er, sie, es) erklärt
explicación - Erklärung
explosión - Explosion
exposición - Ausstellung
expresión - Ausdruck
exquisitez - Delikatesse
externa - äußere
extrañamente - seltsam
extraño - seltsam
fácil - verständlich, leicht
fácilmente - einfach
facultad - Universität
faltan - fehlen
familia - Familie

familiar - Verwandte
familiarizarse - sich vertraut machen
famosos - berühmt (Plural)
fans - Fans
favorito - liebsten
feliz - fröhlich, glücklich
felizmente - fröhlich
festivo - festlich
figuras - Figuren
fin - letzte, am Ende
fin de semana - Wochenende
final - Ende
finalmente - schließlich
firmemente - fest
florecen - sie blühen (Plural)
flores - Blumen
footing - joggen
forma - Art
foro - Forum
fotos - Fotos
fragilidad - Zerbrechlichkeit
frase - Satz
frases - Sätze
freír - braten
fríamente - kalt
frigorífico - Kühlschrank
frutas - Früchte
fuegos de artificio - Feuerwerke
fuera - heraus, außen, draußen, auswärts, außerhalb
fuerte - stark
fuertemente - fest, stark, laut
fuimos - wir gingen
furiosamente - wild
furioso - wütend
ganar - verdienen
gastar - ausgeben
gato - Kater, Katze
gente - Leute
golpea - (er, sie, es) klopft
goma - Gummi
gorda - fett
gracias - Danke
grado - Klasse
gran - großer
grande - groß
Grecia - Griechenland

grifo - Wasserhahn
grita - (er, sie, es) schreit
gritando - schreiend
gritar - schreien
gruñe - (er, sie, es) knurrt
gruñido - Knurren
guarda - Wächter
guardería - Kindergarten
guepardo - Gepard
gusta - gerne haben
gustan - gerne haben, sie haben es gerne, sie mögen es (plural), sie lieben
habitación - Zimmer
habla - (er, sie, es) spricht
hablan - sie sprechen (Plural)
hablando - sprechend
hablar - sprechen, reden
habló - (er, sie, es) hat gesprochen, sprach
hace - (er, sie, es) macht
hacer - machen
haces la pelota - du schmeichelst
hacia - zu, nach
haciendo - macht
hagas trampa - du mogelst
hámster - Hamster
hasta - bis
hebreo - Hebräisch
hechizado - entzückt
hecho - Tatsache, gemacht
hermana - Schwester
hermanita - Schwester, Schwesterherz
hermano - Bruder
hice - (er, sie, es) tat
hicimos - wir machten
hija - Tochter
hijo - Sohn
hilo - Faden
historia - Geschichte
historias - Geschichten
hoja - Blatt
hojean - blättern
hola - hallo
hombre - Mann
honestamente - ehrlich
hora - Zeit
horas - Stunden
hornear - backen

hornearse - gebacken
horno - Backrohr
hospital - Spital, Krankenhaus
hotel - Hotel
hoy - heute
humana - menschlich
humo - Rauch
humor - Temperament, Stimmung
huracán - Hurrikan
importante - wichtig
impresionado - beeindruckt
impresionante - toll
impresionarla - beeindrucken
impresiones - Eindrücke
incivilizado - unzivilisiert
inclinada - geneigt
incluso - sogar
incómoda - unruhig, unbequem
incomprensible - unverständlich
incorrectas - falsch
increíblemente - unglaublich
indiferente - gleichgültig
inesperadamente - unerwartet
influencia - Einfluss
inglesa - englische
inmediatamente - sofort
inquieto - unruhig
inscripción - Aufschrift
instalar - installieren
intelecto - Verstand
inteligencia - Intelligenz
inteligente - intelligent
intenta - (er, sie, es) versucht
intentando - versuchend
intentar - versuchen
intercambian - austauschen
interés - Interesse
interesados - interessiert (Plural)
interesante - interessant
interior - innere
internet - Internet
interrumpe - (er, sie, es) unterbricht
inundación - Überschwemmung
inusuales - ungewöhnliche
inventa - erfindet
invita - (er, sie, es) lädt ein
invitado - Gast

ir - gehen
ira - Wut
iré - ich werde gehen
jardín - Garten
jaula - Käfig
jefe - Chef
Jerusalén - Jerusalem
joven - jung
juega - (er, sie, es) spielt
juego - Spiel
juez - Richter
jugando - spielt
jugar - spielen
juguetes - Spielzeuge
julio - Juli
juntos - zusammen
jurisprudencia - Rechtswissenschaft
justamente - gleich, gerade
justicia - Gerechtigkeit
kilogramo - Kilogramm
la - sie, ihr
lado - Seite
ladra - (er, sie, es) bellt
ladrando - bellend
ladrar - bellen
ladró - (er, sie, es) bellte
largo - lange
lastimar - weh tun
le - ihn, ihm
lee - (er, sie, es) liest
lejos - weit
lengua - Sprache
letra - Buchstabe
levanta - aufheben, aufstehen
leyendo - liest
leyes - Gesetze
libre - frei
libretas - Notizbücher
libro de texto - Arbeitsbuch
libros - Bücher
ligeramente - ein wenig
limpiar - abwischen, säubern
limpie - sauber
limpieza - Sauberkeit
literatura - Literatur
llama - (er, sie, es) nennt, (er, sie, es) ruft an
llamado - genannt, heißt

llaman - sie rufen (Plural)
llegada - Ankunft
llegado - angekommen
llegan - sie kommen an (Plural)
lleno - voll
lleva - (er, sie, es) hält, bringt, trägt, führt
llevan - sie tragen (Plural)
llevando - tragen
llorar - weinen
local - lokal
longitud - Länge
lugar de trabajo - Arbeitsplatz
lugares de interés - Sehenswürdigkeiten
luz - Licht
madera - Holz
madre - Mutter
magnífico - großartig
mal - schlecht
maleta - Koffer
maletas - Koffer
maletero - Kofferraum
malo - böse
mamá - Mutter
manchada - bespritzt, befleckt
mandíbula - Kiefer
manos - Hände
manzana - Apfel
mañana - Morgen
mar - Meer
maravilloso - wunderbar
marca - wählt
marcharse - weggehen
marido - Ehemann
Mars - Mars
martes - Dienstag
más - weiter, mehr
más abajo - niedriger, nach unten
más alta - höchste
más antigua - älteste
más cercano - am nächsten
más fácil - einfacher
más fuerte - am lautesten
más gordo - dicker
más grande - größte
más inteligente - weiseste
más tarde - später
máscaras - Masken

mascota - Haustier
mascotas - Haustiere
matarlo - töten
maúlla - (er, sie, es) miaut
mayor - älterer
mayoría - Mehrheit
me gustaría - ich würde gerne
me temo - ich habe Angst
mediados - Mitte
medianos - mittlere
médico - medizinisch
medieval - mittelalterlich
medio - halbe
mediodía - Mittag
mejor - besser, besten
mejorar - aufhellen
menor - jünger
mensaje - Nachricht
mensajero - Zustelldienst
mercado - Markt
mereció - verdient
mes - Monat
mesa - Tisch
metal - Metall
mete - (er, sie, es) steckt hinein
meticuloso - sehr genau
metro - U-Bahn
metros - Meter
mezclado - verwechselt (hier), vermischt
mi - meine
mí mismo - ich selbst
miedo - Angst
miembros - Mitglieder
mientras - während
mientras tanto - inzwischen
miércoles - Mittwoch
millones - Millionen
minutos - Minuten
mira - (er, sie, es) schaut an; mira fijamente - (er, sie, es) starrt
mirada - Blick
miradas - Blicke
mirando - beobachtend, blickend, in den Augen behalten, sehend
misma - gleich
moderna - modern
modesto - bescheiden

momento - Augenblick, Moment
montaña - Berg
montón - Stapel
mopa - Mopp
mordedor - beissende (hier), Beißer
morder - beißen
mostradas - gezeigt
mote - Spitzname
motor - Motor
mover - bewegen
mucho - viel (mucho distancia - weit)
muestra - (er, sie, es) zeigt
muestras - Proben
mujer - Ehefrau, Frau
muñeca - Puppe
museo - Museum
música - Musik
muy - sehr
nacional - national
nada - nichts
nadar - schwimmen
nadie - niemand
nata - Creme, Sahne
Navidad - Weihnachten
necesario - vorgeschrieben (hier), nötig, notwendig
necesita - (er, sie, es) braucht
necesito - brauche
negocios - Geschäfte
negro - schwarz
nervioso - nervös
nevando - schneiend
ningún sitio - nirgendwo
niña - Mädchen
niñera - Kindermädchen
niño - Kind
niños - Kinder
nivel - Niveau
no - kein, nicht, nein
no era - (er, sie, es) war nicht
no es - ist nicht
no están - sind nicht
no puede - (er, sie, es) kann nicht
no puedo - ich kann nicht
no se esperaban - sie erwarteten nicht
noche - Abend, Nacht
nombre - Name

normal - normal
normalmente - normalerweise
norte - Norden
nos - uns
nosotros - wir
nota - Notiz
notas - Noten
noticias - Neuigkeiten
nuestro - unsere
nuevo - neu
número - Kennzeichen
nunca - nie, niemals
o - oder
obediente - gehorsam
objetos - Gegenstände
obligatorio - verpflichtend
obra maestra - Meisterwerk
observar - sehen, schauen, beobachten
obvio - offensichtlich
ocho - acht
ocupado - beschäftigt
ocurrió - passierte
oficina - Büro
ofrezco - ich biete an
ojos – Augen ; ojos muy abiertos - mit großen Augen
olor - Geruch
olvidado - vergessen
olvidé - (er, sie, es) vergaß
ooh - oh
opción - Möglichkeit
Opel - Opel
opinión - Meinung
ordena - (er, sie, es) ordnet
ordenador - Computer
organización - Organisation
orgullosa - stolz
orgullosamente - stolz
oruga - Raupe
oscuro - dunkel
otoño - Herbst
otra vez - noch einmal
otro - ein anderer
pacientemente - geduldig
padre - Vater
padres - Eltern
país - Land

paisaje - Landschaft
pájaros - Vögel
palabra - Wort
pálido - bleich
pan - Brot
pantalla - Bildschirm
papel de aluminio - Aluminiumfolie
papeles - Papiere
papi - Vater, Papa
paquete - Packung
para - nach, zu, für
parece - es scheint
parque - Park
parte - (er, sie, es) fährt ab
parterre - Blumenbeet
pasa - (er, sie, es) verbringt, (er, sie, es) kommt vorbei
pasan - sie gehen vorbei (Plural)
pasar - verbringen
paseo - Spaziergang
pasión - Leidenschaft
pata - Pfote
patas - Beine (hier), Tatze, Pfote, Pranke
patio - Hof
paz - Friede
peces de colores - Goldfische
pedir - fragen (hier), bitten
pegamento - Kleber, Klebstoff
pegar - kleben
película - Film
peligrosa - gefährlich
pelota - Ball
pena - schade
pensamientos - Gedanken
pensativamente - nachdenklich
pensó - (er, sie, es) dachte
pequeño - kleines, klein
perder - verlieren, vergeuden
pérdida - Verlust
perdido - verlaufen
perdona - (er, sie, es) vergibt
perdonado - vergeben
Perdone - Entschuldigen Sie
perfectamente - perfekt
perfil - Profil
periódico - Zeitung
periodismo - Journalismus

período - Zeitraum
pero - aber
perro - Hund
persona - Person
pertenece - (er, sie, es) gehört
pesado - schwer
pescar - fischen
pez - Fisch
picnic - Picknick
pide - (er, sie, es) fordert
pidiendo - bittend
pie - Fuß
piensa - (er, sie, es) denkt
pincha - spießt
pintar - malen
pisaban - sie stiegen (Plural)
piscina - Schwimmbad
pista - Hinweis
placer - Vergnügen
plancha - Bügeleisen
plástico - Plastik
plataforma - Bussteig, Plattform, Bahnsteig
plato - Teller, Gericht
pobre - schlecht, arm
poco - bisschen
pocos - wenige
podría - (er, sie, es) könnte
poemas - Gedichte
poesía - Poesie
policía - Polizist
pollo - Hähnchen
polvo - Staub
poner - setzen, legen, stellen
poniendo - stellend
por - durch
por favor - bitte
por qué - warum
porcelana - Porzellan
porque - weil
portátil - Laptop
posible - möglich
precaución - Vorsicht
pregunta - fragt nach, fragt
preguntas - Fragen
preocupada - besorgt (feminin) / preocupado (maskulin)
preocuparse - sich sorgen

prepara - (er, sie, es) kocht, (er, sie, es) bereitet vor
preparadas - bereit
preparando - vorbereitete
preparar - packen (hier), präparieren, herrichten, zubereiten
presenta - (er, sie, es) stellt vor
primavera - Frühling
primero - ersten
principales - Haupt-
principios - Anfang (hier), Anfänge
prisa - Eile
probablemente - wahrscheinlich
probar - probieren
problema - Problem
profesional - Fachmann
profesor - Professor, Lehrer
profundo - tief
pronto - bald
propia - eigener
propietario - Besitzer
propietarios - Besitzer, Eigentümer
próximo - neben
prueba - Test
prueban - sie beweisen (Plural)
público - öffentlichen
pueblo - Stadt, Dorf
puede - können, dürfen, (er, sie, es) kann
puedo - ich kann
puerta - Tür
puertas - Türen
pupitre - Tisch
puso - postete, setzen, stellen, legen
que - dass, als, welche
qué - was
que parte - der abfährt
quedarte - du bleibst
quema - (er, sie, es) brennt
querido - Lieber
queso - Käse
quién - wer
quiere - liebt (hier), (er, sie, es) mag, will
quiere decir - bedeutet
quiero - ich will
quince - fünfzehn
quinto - fünfte
quitar - wegnehmen, entfernen

quizás - vielleicht
rabiosamente - wütend
rabo - Schweif
radio - Funk
rama - Ast
ramas - Äste
ramillete - Strauß
rápidamente - schnell
raramente - selten
raras veces - selten
raro - selten
ratas - Ratten
ratón - Maus
ratones - Mäuse
reacciona - (er, sie, es) reagiert
realmente - wirklich
receta - Rezept
rechaza - (er, sie, es) verweigert
reciba - (er, sie, es) erhält
recientemente - vor kurzem
recogen - sie sammeln (Plural)
recoger - sammeln
recomienda - (er, sie, es) empfiehlt
reconozco - ich erkenne wieder
recuerda - (er, sie, es) erinnert
recuerdas - due erinnerst
redacciones - Essays, Aufsätze
regalo - Geschenk
regalos - Geschenke
regaña - (er, sie, es) schimpft
regañando - kritisiert
registradora - Kasse. die
reír - lachen; ríe - lacht
relleno - Fütterung
reparado - repariert
repite - (er, sie, es) wiederholt
rescatador - Retter
reserva - Reservierung
residencia - Studentenwohnheim
resolvería - (er, sie, es) würde lösen
respirando - atmend
responde - (er, sie, es) antwortet
respuesta - Antwort
respuestas - Antworten
restaurante - Restaurant
reunirnos - uns treffen
revistas - Zeitschriften

revivirla - wiederbeleben
rey - König
reza - (er, sie, es) betet
rica - lecker
riendo - lachend
riesgo - Risiko
río - Fluss
robado - gestohlen
rojo - rot
romántica - romantisch
rompen - sie zerstören (Plural)
rompió - (er, sie, es) zerriss
ronroneando - schnurrend
ropa - Kleidungsstücke
rueda - Rad, Laufrad
ruido - Lärm
sabe - (er, sie, es) weiß
saber - wissen
sacude - (er, sie, es) schüttelt
sala de estar - Wohnzimmer
salchicha - Wurst
salida - Ausgang
salpica - (er, sie, es) spritzt
salta - (er, sie, es) springt
saluda - (er, sie, es) begrüßt
salvó - gerettet
San - Heilige
sano - gesund
satisfecho - zufrieden
se - sich
se acerca - kommt auf ihn zu
se acercan - kommen näher
se coloca - es sich bequem machen
se comporta - (er, sie, es) verhält sich
se da cuenta - (er, sie, es) bemerkt, (er, sie, es) merkt
se desmaya - wird ohnmächtig
se dirige - spricht an
se dobla - (er, sie, es) biegt sich
se inclina - (er, sie, es) beugt sich
se las arregla - kommt zurecht
se lava - (er, sie, es) wäscht sich
se levanta - er/sie steht auf
se marcharon - verließen
se olvida - vergisst
se pregunta - (er, sie, es) wundert sich
se queda - bleibt
se queda tumbado - er/sie bleibt liegen
se quedan - sie bleiben (Plural)
se rompe - (er, sie, es) reißt
se santigua - bekreuzigt
se sienta - (er, sie, es) setzt sich
secretamente - heimlich
secretaria - Sekretär/in, der/die
segundo - zweite
seguras - sicher
seis - sechs
semana - Woche
sencillo - einfach
sensatas - vernünftig
sentado - sitzt
sentido - Verstand
sentimientos - Gefühle
señala - (er, sie, es) zeigt
señor - Herr
señora - Madame
separados - getrennt
ser/estar - sein
seria - ernst (feminin) / serio - ernst (maskulin)
seriamente - ernst
servicio - Service
setenta - siebzig
sí - ja
si - wenn; falls
siempre - immer
siendo - sein,
siente - (er, sie, es) fühlt
siento - fühle
significado - Bedeutung
sigue - (er, sie, es) folgt
siguiente - folgendem
silenciosamente - leise
silla - Stuhl
sillón - Lehnstuhl
símbolo - Symbol
similar - ähnlich
simplemente - einfach
sin - ohne
sin embargo - jedoch, trotzdem
sin hogar - streunend
sin revisar - unkorrigiert
sitio - Ort
situación - Situation
sobre - Briefkuvert, über

sobresaliendo - hervorstehend
sofá - Sofa
sol - Sonne
solamente - nur, gerade
solicitar - bewerben
solicitud - Formular
solo - alleine, einzigen, nur
solución - Lösung
somnoliento - schläfrig
son - sind
sonar - läuten
sonríe - (er, sie, es) lächelt
soñando - träumend
sopa - Suppe
sorprendido - überrascht
sorpresa - Überraschung
soy - bin
su - sein, ihr, ihre
suavemente - sanft
sucia/o - schmutzig
sueldo - Gehalt
suelo - Boden
suena - klingt, (er, sie, es) klingelt
sueño - Traum
suerte - Glück
suficiente - genug
sugiere - (er, sie, es) schlägt vor
sujeta - gibt Halt, hält fest
sujetando - festhalten
sujetar - halten
suma - Betrag
supe - (er, sie, es) wusste
superior - oberer
supermercado - Supermarkt
supervisora - überwachend
supone - nimmt an
suposición - Annahme
supuesto - vermutlich
suspira - (er, sie, es) seufzt
tablet - Tablet
talento - Talent
tamaño - Größe
también - auch
tapa - Deckel
tarde - Nachmittag, spät
tarea - Aufgabe
tareas - Hausaufgabe, Hausarbeiten

tarjetas - Postkarten
tarta - Torte
taxi - Taxi
taza - Trinkschale, Tasse
té - Tee
te refieres - meinst du
techo - Decke
telefonea - ruft an
telefonean - sie rufen an (Plural)
teléfono - Handy, Telefon
tema - Thema
temporal - vorübergehend
temprano - früh
tenedor - Gabel
tener - nehmen, haben
tenía - (er, sie, es) hatte
tensión - Anstrengung, Spannung, Anspannung
tercero - dritte
términos - Bedingungen
terrible - schrecklich
terriblemente - fürchterlich
texto - Text
tía - Tante
tiempo - Wetter
tienda - Laden
tiene - Sie haben, (er, sie, es) hat
tiene éxito - (er, sie, es) hat Erfolg
tijeras - Schere
timbre de la puerta - Türglocke, Klingel
tímidamente - schüchtern
tímido - schüchtern
tío - Onkel
tira - (er, sie, es) zieht
tiran - sie werfen weg (Plural)
tiró - geworfen, (er, sie, es) warf
toalla - Handtuch
toda - ganz
todavía - noch, immer noch
todo - alle, alles, ganz
todos - alle, jeder
tomar el sol - sonnenbaden
tomate - Tomate
tono - Ton
tonto - dumm
torniquete - Tourniquet, Drehkreuz
tortilla - Omelett
trabaja - (er, sie, es) arbeitet

trabajando - arbeitend
trabajar - arbeiten
trabajo - Job
tradiciones - Traditionen
traducción - Übersetzung
traducir - übersetzen
trae - (er, sie, es) bringt
trajo - gebracht, brachte
tranquilo - ruhig, leise
transcurren - sie vergehen (Plural)
transporte - Verkehrsmittel
tranvía - Straßenbahn
trata - (er, sie, es) behandelt
trece - dreizehn
tren - Zug
trepa - (er, sie, es) klettert
tres - drei
tribunal - Gericht
triste - traurig
tristemente - traurig
triunfa - (er, sie, es) siegt
tu - dein
tú - du, Sie
tubo - Tube
tulipanes - Tulpen
tumbado - niedergeworfen, liegend
túnel - Tunnel
Twitter - Twitter
últimamente - in letzter Zeit
un - ein
una vez - einmal
uniforme - Uniform
universidad - Universität
uno - ein
urgentemente - dringend
usa - benutzt
usando - verwendet
va - (er, sie, es) geht
vacaciones - Urlaub
vacunas - Impfungen
vago - faul
valiente - tapfer, mutig
valiosas - wertvoll (Plural)
valla - Zaun
varios - verschiedene, einige

ve - (er, sie, es) sieht
vecino - Nachbar
veinte - zwanzig
velocidad - Geschwindigkeit
ven - kommen
vencer - bewältigen
vendedor - Verkäufer
vendedora - Verkäuferin
vender - verkaufen
vendidos - verkauft (Plural)
venganza - Rache
venir - kommen
ventanilla - Fenster
verano - Sommer
verdad - Wahrheit
verduras - Gemüse
verja - Tor
vestíbulo - Vorhalle
vi - gesehen, (er, sie, es) sah
viajando - reisend
vida - Leben
viene - (er, sie, es) kommt
viernes - Freitag
vigila - beobachtet, überwacht
vigilar - aufpassen
visita - (er, sie, es) besucht
visitando - besuchend; esta visitando - (er, sie, es) besucht gerade
visitar - vorbeischauen, besuchen, besichtigen
viva - lebendig
vive - (er, sie, es) lebt
volar - fliegen
voluntad - Wille
voz - Stimme
vuela - (er, sie, es) fliegt
vuelo - Flug
vuelve - (er, sie, es) dreht, kommt zurück
y - und
ya - schon
yo - ich
zapatos - Schuhe
Zeus - Zeus
zumo - Saft

Wörterbuch Deutsch-Spanisch

Abend - noche
Abendessen - cena
Abenteuer - aventuras
aber - pero
abgekühlt - enfriando
abprüfen (hier), ausfragen, interviewen - entrevistar
abschließen - concluye
abschließend - concluye
Abteil - compartimento
abwischen, säubern - limpiar
Account - cuenta
acht - ocho
achtjährige - de ocho años
Achtung - atención
Actionfilm - acción
Adresse - dirección
ähnlich - similar
aktiv - activa
akzeptabel - aceptable
alle - todos
alle, alles, ganz, jeder - todo, todos
alleine - solo
als - que
alt - anciana
alte - antigua
älterer - mayor
Alternative - alternativa
älteste - más antigua
am lautesten - más fuerte
am nächsten - más cercano
anderen - otro
ändern - cambiar
anders - diferente
Anfang (hier), Anfänge - principios
angekommen - llegado
Angelegenheiten - asuntos
Angestellte - empleado
Angst - miedo
Ankunft - llegada
Annahme - suposición
Anns - de Ann
Anstrengung, Spannung, Anspannung - tensión
Antwort - respuesta
Antworten - respuestas

antwortet (er, sie, es) - responde
Apfel - manzana
Aquarium - acuario
arbeiten - trabajar
arbeitend - trabajando
arbeitet (er, sie, es) - trabaja
Arbeitsbereich - campo
Arbeitsbuch - libro de texto
Arbeitsplatz - lugar de trabajo
Architekt - arquitecto
arm - pobre
Arme - brazos
Art - forma
Arzt - doctor
Arztpraxis - consulta
asiatisch - asiático
Ast - rama
Äste - ramas
atmend - respirando
attackiert (er, sie, es) - ataca
auch - también
auf jeden Fall - definitivamente
auf Zehenspitzen - de puntillas
Aufgabe - tarea
aufgeregt - con entusiasmo
aufheben, aufstehen - levanta
aufhellen - mejorar
aufhören - detener
aufladen - cargarlo
aufmerksam - atenta
aufpassen - vigilar
Aufsatz - composición
Aufschrift - inscripción
Aufzug - ascensor
Augen - ojos
Augenblick, Moment - momento
Auminiumfolie - papel de aluminio
Ausdruck - expresión
auseinander, in zwei - en dos
Ausgabe - edición
Ausgang - salida
ausgeben - gastar
ausgegangen - acabado
ausloggen, schließen - cerrar
ausschalten - apagar

außerdem - además
äußere - externa
Ausstellung - exposición
austauschen - intercambian
Auto - coche
Autor - autor
backen - hornear
Backrohr - horno
Badeanzug - bañador
bald - pronto
Ball - pelota
Bank - banco
Barbar - bárbaro
Bargeld, Kasse - caja
Bau - construcción
Bauarbeiter - constructores
Baum - árbol
bedeutet - quiere decir
Bedeutung - significado
Bedingungen - términos
beeindrucken - impresionarla
beeindruckt - impresionado
befestigt - adjuntada
begann - empezó
beginnt (er, sie, es) - empieza
begleitet (er, sie, es) - acompaña
begrüßt (er, sie, es) - saluda
behandelt (er, sie, es) - trata
beheben (hier), eliminieren, löschen - eliminar
beige - beige
Beine (hier), Tatze, Pfote, Pranke - patas
beißen - morder
beissende (hier), Beißer - mordedor
beitreten - enrolar
Bekannte - conocido
bekreuzigt - se santigua
bellen - ladrar
bellend - ladrando
bellt (er, sie, es) - ladra
bellte (er, sie, es) - ladró
bemerkt (er, sie, es) - se da cuenta
benutzt - usa
beobachtend, blickend - mirando
beobachtet, überwacht - vigila
bequem - cómodamente
bereit - preparadas
bereitet vor (er, sie, es) - prepara

Berg - montaña
berühmt (Plural) - famosos
beschäftigt - ocupado
Bescheid sagen - avisarla
bescheiden - modesto
Besitzer - propietario
Besitzer, Eigentümer - propietarios
besonders - especialmente
besorgt (feminin) / preocupado (maskulin) - preocupada
bespritzt, befleckt - manchada
besser - mejor
bestätigt - confirmado
besten - mejor
besuchend - visitando; (er, sie, es) besucht gerade - esta visitando
besucht (er, sie, es) - visita
betet (er, sie, es) - reza
Betrag - suma
betritt (er, sie, es) - entra
Bett - cama
beugt sich (er, sie, es) - se inclina
bevor - antes
bewältigen - vencer
bewegen - mover
bewerben - solicitar
bewundert (er, sie, es) - admira
bezaubernde - encantadora
Bibel - Biblia
Bibliothek - biblioteca
biegt sich (er, sie, es) - se dobla
Bild - cuadro
Bildschirm - pantalla
bin - soy
bindet (er, sie, es) - ata
bis - hasta
bisschen - poco
bitte - por favor, de nada
bittend - pidiendo
Blatt - hoja
blättern - hojean
bleibt - se queda
bleich - pálido
Blick - mirada
Blicke - miradas
blöde - estúpida
Blumen - flores

Blumenbeet - parterre
Boden - suelo
Bonbon - caramelo
Bonuszahlungen - bonificaciones
böse - malo
braten - freír
Bräuche - costumbres
brauche - necesito
braucht (er, sie, es) - necesita
brennt (er, sie, es) - quema
Brief - carta
Briefkuvert - sobre
bringt (er, sie, es) - trae
Brot - pan
Bruder - hermano
Bücher - libros
Buchstabe - letra
Bügeleisen - plancha
Büro - oficina
Bus - bus
Busbahnhof, Bahnhof - estación
Bussteig, Plattform, Bahnsteig - plataforma
Café - cafetería
Chat - chat
Chef - jefe
Computer - ordenador
Creme, Sahne - nata
dachte (er, sie, es) - pensó
daneben, an der Seite, nebenan - al lado
Danke - gracias
dann - entonces
dass - que
Datei - archivo
Decke - techo
Deckel - tapa
Defekt - defecto
definitiv - definitivamente
dehnte (er, sie, es), ausgedehnt - estiró
dein - tu
Dekorationen - decoraciones
Delikatesse - exquisitez
denkt (er, sie, es) - piensa
dental, Zahn- - dental
der - el
der abfährt - que parte
des Bauarbeiters - de constructor
des Hundes - del perro

Detail - detalle
deutlich - claramente
dicker - más gordo
Dienstag - martes
diese - estos, este
diese (Plural) - esos
Ding - cosa
direkt - directamente
direkt, gerade - directamente
diskutieren - discuten
diszipliniert - disciplinado
Dollar - dólares
Dorf - aldea
dort - allí
draußen - fuera
draußen, außerhalb - fuera
dreht (er, sie, es) - vuelve
drei - tres
dreizehn - trece
dringend - urgentemente
dritte - tercero
drücken - empujar
drückt (er, sie, es) - aprieta
du bleibst - quedarte
du kümmerst (dich) - cuidas
du mogelst - hagas trampa
du schmeichelst - haces la pelota
du, Sie - tú
due erinnerst - recuerdas
dumm - tonto
dunkel - oscuro
durch - por
Ecke - esquina
Ehefrau - mujer
Ehemann - marido
ehrlich - honestamente
eigener - propia
Eile - prisa
Eimer - cubo
ein - uno, un
ein anderer - otro
ein Paar bilden (hier), sich paaren - aparearse
ein wenig - ligeramente
Eindrücke - impresiones
einen Spalt offen stehend - entornada
einfach - sencillo, fácilmente, simplemente
einfacher - más fácil

einfetten - engrasar
Einfluss - influencia
einige - varios, algunos
Einkauf - compra
Einkäufe - compras
einladen - cargar
einmal - una vez
einpacken - envolverlo
einzigen - solo
elektrisch - eléctrico
Elektronik - electrónica
Eltern - padres
E-Mail - e-mail
empfiehlt (er, sie, es) - recomienda, aconseja
empört (feminin) / enojado (maskulin) - enojada
Ende - final
endlos - eterno
englische - inglesa
enthusiastisch - con entusiasmo
entlassen - despedir
Entlassung - despido
entscheidet (er, sie, es) - decide
entschuldige - disculpe
Entschuldigen Sie - Perdone
entsprechend (hier), Übereinkunft, Vereinbarung - acuerdo
entwischen, ausrutschen, entgleiten - escurrirse
entzückt - hechizado
er - él
er/sie bleibt liegen - se queda tumbado
er/sie steht auf - se levanta
er/sie/es will - quiere
Erfahrung - experiencia
erfindet - inventa
erfolgreich - exitosamente
erfreut - alegremente
erhält (er, sie, es) - reciba
erinnert (er, sie, es) - recuerda
erklärt (er, sie, es) - explica
Erklärung - explicación
ernst - seriamente (adv)
ernst (feminin) - seria; ernst (maskulin) - serio
erreicht - alcanza
errötet - enrojeciendo
erscheint (er, sie, es) - aparece
Erscheinung - apariencia

Erstaunen - asombro
ersten - primero
erstklassig - de primera
erwartetend - esperando / (er, sie, es) wartet - esta esperando / sie warten - estan esperando
erwischen (hier), entdecken - descubrir
erzählt (er, sie, es) - dice
es ist - está
es scheint - parece
es sich bequem machen - se coloca
Essays, Aufsätze - redacciones
essen - comer
Essen - comida
etwas - algo
Ewigkeit - eternidad
Exkremente - excrementos
exotisch - exótica
Explosion - explosión
Fachbereich - departamento
Fachmann - profesional
Faden - hilo
Fahrer - conductor
Fahrerhaus - cabina
fährt (er, sie, es) - conduce
fährt ab (er, sie, es) - parte
Fall - caso
fällt - cae
falsch - incorrectas
Familie - familia
fängt, jagt - caza
Fans - fans
farbige - de colores
faul - vago
fehlen - faltan
Fehler - error
Feier - celebración
Fenster - ventanilla
fest - fuertemente
festhalten - sujetando
festlich - festivo
festnehmen - detener
fett - gorda
feuern - echar
Feuerwerke - fuegos de artificio
Figuren - figuras
Film - película
finden - encontrar

Finger - dedo
Firma - empresa
Fisch - pez
fischen - pescar
fliegen - volar
fliegt (er, sie, es) - vuela
Flug - vuelo
Flugzeug - avión
Fluss - río
folgendem - siguiente
folgt (er, sie, es) - sigue
fordernd - exigente
fordert (er, sie, es) - pide
Formular - solicitud
Forum - foro
Fotos - fotos
Fragen - preguntas
fragen (hier), bitten - pedir
fragt nach, fragt - pregunta
Frau - mujer
frei - libre
Freitag - viernes
Freund - amigo
Freunde - amigos
freundlich - educadamente
Friede - paz
fröhlich, glücklich - alegremente, alegre, animadamente, felizmente, feliz
Früchte - frutas
früh - temprano
früher - antes
früherer - antiguo
Frühling - primavera
fühle - siento
fühlt (er, sie, es) - siente
führt (er, sie, es) - lleva
fünf - cinco
fünfte - quinto
fünfzehn - quince
Funk - radio
für - para
fürchterlich - terriblemente, espantosamente
Fuß - pie
Futter (hier), Essen, Speise - comida
füttert (er, sie, es) - alimenta
Fütterung - relleno
Gabel - tenedor

ganz - toda, completamente
Garten - jardín
Gast - invitado
gebacken - hornearse
Gebäude - edificios
gebracht, brachte - trajo
Geburtstag - cumpleaños
Gedanken - pensamientos
gedankenlos - desconsideradamente
Gedichte - poemas
geduldig - pacientemente
geeignet - adecuado
gefährlich - peligrosa
gefangen - cogido
gefeuert - despedido
Gefühle - sentimientos
gefunden - encontrado
gegeben - dado
gegen - contra
Gegenstände - objetos
Gehalt - sueldo
gehen - ir
gehend, spazierend - caminando
gehorsam - obediente
gehört (er, sie, es) - pertenece
geht (er, sie, es) - va
gekauft - comprado
gekracht (hier), (er, sie, es) kollidierte - chocó
gelb - amarillo
Geld - dinero
gemacht (Kompliment) - hecho
Gemüse - verduras
genannt - llamado
genau - exactamente
genau, sorgfältig - cuidadosamente
geneigt - inclinada
genießt (er, sie, es) - disfruta
genug - suficiente
Gepäck - equipaje
Gepard - guepardo
Gerechtigkeit - justicia
gerettet - salvó
Gericht - tribunal, plato
gerne haben, sie haben es gerne, sie mögen es (plural) - gustan, gusta
Geruch - olor

gesagt, genannt, erwähnt (feminin/Plural) / dichos (maskulin/Plural) - dichas
Geschäfte - negocios
Geschäftsführer - director
Geschenk - regalo
Geschenke - regalos
geschenkt - dando
Geschichte - historia
Geschichten - historias
geschnitten - cortadas
geschrieben - escrito
Geschwindigkeit - velocidad
gesehen, (er, sie, es) sah - vi
gesendet - enviado
Gesetze - leyes
Gesicht - cara
Gespräch - conversación
Geständnis - confesión
gestern - ayer
gestohlen - robado
gesund - sano
getrennt - separados
gewagt - atrevida
gewesen - estado
gewissenhaft - cuidadoso
gewöhnlich - convencional
geworfen, (er, sie, es) warf - tiró
gezeigt - mostradas
gibt (er, sie, es) - da
gibt Halt, hält fest - sujeta
gibt zu (er, sie, es), (er, sie, es) lässt zu; gestattet - admito
ging weiter (er, sie, es) - continuó
glaubt (er, sie, es) - cree
gleich - misma
gleich, gerade - justamente
gleichgültig - indiferente
Glück - suerte
glücklich - contento
Goldfische - peces de colores
Gott - dios
grauenvoll - espantoso
Griechenland - Grecia
groß - grande
großartig - magnífico, excelente
Größe - tamaño
größer - gran

größte - más grande
Gummi - goma
gut - bueno, bien
gut gefüttert - bien alimentado
Haar - cabello
haben - tener
Hähnchen - pollo
halbe - medio
hallo - hola
Halsband - collar
hält sich (er, sie, es) - considera
hält Vorlesung (er, sie, es) - da clase
hält, bringt, trägt (er, sie, es) - lleva
halten - sujetar
Hamster - hámster
Hände - manos
Handtuch - toalla
Handy, Telefon - teléfono
hängt - colgando
hat - tiene
hat Erfolg (er, sie, es) - tiene éxito
hat gesprochen (er, sie, es), sprach - habló
hatte (er, sie, es) - tenía
Haupt- - principales
Hauptstadt - capital
Haus - casa
Hausarbeiten - tareas
Hausaufgabe - tareas
Hausbesitzer - casero
Haustier - mascota
Haustiere - mascotas
Hebräisch - hebreo
Heer - ejército
Heilige - San
Heimatstadt - ciudad de residencia
heimlich - secretamente
heiraten - casarse
heirateten - casaron
heißt - llamado
heranwachsen - crecer
heraus, außen, draußen, auswärts - fuera
herauskommen (hier), fallen, sinken, herunter kommen - baja
Herbst - otoño
Herr - señor
herum - alrededor
hervorragend, großartig - bonito

hervorstehend - sobresaliendo
heute - hoy
hier - aquí
hilft - ayuda
hinter - detrás
Hinweis - pista
hoch - alto
höchste - más alta
Hof - patio
hoffe - espero
Holz - madera
hören - escuchar
hört (er, sie, es) - escucha
hört zu (er, sie, es) - esta escuchande, escucha
hörte (er, sie, es) - escuchó
Hotel - hotel
Hund - perro
Hundehütte - caseta
hundert - cientos
Hurrikan - huracán
ich - yo
ich beschloss - decidí
ich biete an - ofrezco
ich bin - estoy
ich erkenne wieder - reconozco
ich habe Angst - me temo
ich kann - puedo
ich kann nicht - no puedo
ich selbst - mí mismo
ich werde gehen - iré
ich will - quiero
ich würde gerne - me gustaría
ihn, ihm - le
immer - siempre
immer noch - todavía
Impfungen - vacunas
in - en
in auf, bei, zu - en
in den Augen behalten - mirando
in der Nähe - cercana
in letzter Zeit - últimamente
in Ordnung - de acuerdo
in, auf - en
Innere - dentro
innere - interior
installieren - instalar
intelligent - inteligente

Intelligenz - inteligencia
interessant - interesante
Interesse - interés
interessiert (Plural) - interesados
Internet - internet
inzwischen - mientras tanto
irgendein, etwas - cualquier
irgendjemand - cualquier, alguien
irgendwo - algún sitio
isst (er, sie, es) - come
ist - es, está; steht - está en pie
ist einverstanden (er, sie, es) - está de acuerdo
ist nicht - no es
ja - sí
Jahr - año
Jahre - años
jede - cada
jedenfalls - de todas formas
jeder, alle - todos
jedoch - sin embargo, aunque
jemandem - alguien
Jerusalem - Jerusalén
jetzt - ahora
Job - trabajo
joggen - footing
Journalismus - periodismo
Juli - julio
jung - joven
Junge - chico
jünger - menor
Jungs - chicos
Kabel - cable
Kaffee - café
Käfig - jaula
kalt - fríamente
kann nicht (er, sie, es) - no puede
Käse - queso
Kasse. die - registradora
Kater - gato
Kathedrale - catedral
Katze - gato
kaufen - comprar
kauft (er, sie, es) - compra
kein, nicht, nein - no
Kellner - camarero
Kennzeichen - número
Kerl, Junge - compadre

Kette - cadena
Kiefer - mandíbula
Kilogramm - kilogramo
Kind - niño
Kinder - niños
Kindergarten - guardería
Kindermädchen - niñera
Kino - cine
klar - claro
Klasse - grado
Klassenzimmer - aula
kleben - pegar
Kleber, Klebstoff - pegamento
Kleidungsstücke - ropa
klein - pequeño
kleines - pequeño
klettert (er, sie, es) - trepa
klingelt (er, sie, es) - suena
klingt - suena
klopft (er, sie, es) - golpea
Knurren - gruñido
knurrt (er, sie, es) - gruñe
Koch - chef
kochen - cocinar
kocht (er, sie, es) - prepara
Koffer - maletas, maleta
Kofferraum - maletero
Kollegen - colegas
kommen - venir, ven
kommen näher - se acercan
kommt (er, sie, es) - viene
kommt auf ihn zu - se acerca
kommt vorbei (er, sie, es) - pasa
kommt zurecht - se las arregla
kommt zurück - vuelve
komplett - completamente
Kompliment - cumplido
kompliziert - complicado
König - rey
können, dürfen, (er, sie, es) kann - puede
könnte (er, sie, es) - podría
Kontrast - contraste
Konzept - concepto
Kopf - cabeza
kopieren - copiando
kopierte (er, sie, es) - copié
Körbe - cestos

korrigieren - corregir
köstlich - delicioso
krank - enfermo, enferma
Kreuzung - cruce
kritisiert - regañando
Krokodil - cocodrilo
Küche - cocina
Kühlschrank - frigorífico
kulinarisch - culinario
Kunde - cliente
Kunst - arte
Künstler - artista
kurz - corto
küsst (er, sie, es) - besa
lächelt (er, sie, es) - sonríe
lachen - reír; lacht - ríe
lachend - riendo
Laden - tienda
lädt (er, sie, es) - carga
lädt ein (er, sie, es) - invita
Laib - barra
Land - país
Landschaft - paisaje
lange - largo
Länge - longitud
langsam - despacio
Laptop - portátil
Lärm - ruido
lässt (er, sie, es) - deja
lässt fallen (er, sie, es) - deja caer
Lastwägen - camiones
laufend - corriendo
launisch - caprichoso
laut - fuertemente
läuten - sonar
Leben - vida
lebendig - viva
lebt (er, sie, es) - vive
lecker - rica
Leder - cuero
legt auf (er, sie, es) - cuelga
Lehnstuhl - sillón
Lehrer - profesor
Leidenschaft - pasión
Leine - correa
leise - tranquilo, silenciosamente
Leiter - director

lernen - estudiar
lernte (er, sie, es) - aprendió
letzte, am Ende - fin
leuchtend - brillante
Leute - gente
Licht - luz
Liebe - amor
Lieber - querido
liebsten - favorito
liebt (hier), (er, sie, es) mag, will - quiere
Lieferung - entrega
liegend - tumbado
liegt - está tumbado
liest (er, sie, es) - lee, leyendo
Literatur - literatura
loben - alabar
lokal - local
löscht (er, sie, es) - borra
losgestürzt (hier), (er, sie, es) rannte - corrió
Lösung - solución
lustig - divertida
machen - hacer
macht - haciendo, hace
Madame - señora
Mädchen - niña
malen - pintar
manchmal - a veces
Mann - hombre
Markt - mercado
Mars - Mars
Masken - máscaras
Maus - ratón
Mäuse - ratones
medizinisch - médico
Meer - mar
mehr, weiter - más
Mehrheit - mayoría
meine - mi
meinst du - te refieres
Meinung - opinión
Meisterwerk - obra maestra
menschlich - humana
merkt (er, sie, es) - se da cuenta
Metall - metal
Meter - metros
miaut (er, sie, es) - maúlla
Millionen - millones

Minuten - minutos
mit - con
mit großen Augen - ojos muy abiertos
Mitglieder - miembros
Mittag - mediodía
Mittagessen (hier), Essen - comida
Mitte - mediados
mittelalterlich - medieval
mittlere - medianos
Mittwoch - miércoles
modern - moderna
möglich - posible
Möglichkeit - opción
Moment - momento
Monat - mes
Mopp - mopa
Morgen - mañana
Motor - motor
müde - cansada
Mühe - dificultad
Müll - basura
Mund - boca
Museum - museo
Musik - música
müssen (er, sie, es) - debe
mutig - valiente
Mutter - mamá, madre
nach - después
nach, zu - para
Nachbar - vecino
nachdenklich - pensativamente
Nachmittag - tarde
Nachricht - mensaje
Nacht - noche
nahe - cerca
nahm (er, sie, es) - cogió
Name - nombre
national - nacional
neben - próximo
nehmen - tener
nennt (er, sie, es) - llama
nervös - nervioso
nett - amable
neu - nuevo
neugierig - curioso
Neuigkeiten - noticias
nichts - nada

nickt (er, sie, es) - asiente
nie - nunca
niedergeworfen - tumbado
niedrig - baja
niedriger, nach unten - más abajo
niemals - nunca
niemand - nadie
nimmt (er, sie, es) - coge
nimmt an - supone
nirgendwo - ningún sitio
Niveau - nivel
noch - todavía
noch einmal - otra vez
Norden - norte
normal - normal
normalerweise - normalmente
Noten - notas
Notiz - nota
Notizbücher - libretas
nur - solo, apenas
nur, gerade - solamente
oberer - superior
obwohl - aunque
oder - o
offen - abierta
offensichtlich - obvio
öffentlichen - público
oft - a menudo
oh - ooh
ohne - sin
ohnmächtig - desmayado
Omelett - tortilla
Onkel - tío
Opel - Opel
ordnet (er, sie, es) - ordena
Organisation - organización
Ort - sitio
packen (hier), präparieren, herrichten, zubereiten - preparar
Packung - paquete
Papiere - papeles
Paragrafen - artículos
Park - parque
passierte - ocurrió
passt (er, sie, es) - cabe
perfekt - perfectamente
Person - persona

Pfote - pata
Picknick - picnic
Pilz - champiñón
Plastik - plástico
plötzlich - de repente
Poesie - poesía
Polizist - policía
Porzellan - porcelana
postete, setzen, stellen, legen - puso
Postkarten - tarjetas
Proben - muestras
probieren - probar
Problem - problema
Professor - profesor
Profil - perfil
Prüfung - examen
pünktlich - en punto
Puppe - muñeca
Puppen- - de muñecas
putzt sich (hier), zurecht gemacht - aseando
Rache - venganza
Rad, Laufrad - rueda
Ratten - ratas
Rauch - humo
Raupe - oruga
reagiert (er, sie, es) - reacciona
Rechnung - cuenta
Rechtswissenschaft - jurisprudencia
reisend - viajando
reißt (er, sie, es) - se rompe
rennen - correr
rennt (er, sie, es) - corre
reparieren - arreglar
repariert - reparado
Reservierung - reserva
Restaurant - restaurante
Retter - rescatador
Rezept - receta
Richter - juez
richtig - correctamente
Richtung - dirección
riesig - enorme
ringsherum - alrededor
Risiko - riesgo
Roberts - de Robert
romantisch - romántica
rot - rojo

ruft an (er, sie, es) - llama; telefonea
ruhig - tranquilo, calmadamente
ruht sich aus - descansa
ruinieren - estropear
Saft - zumo
sagend - diciendo
sagt (er, sie, es) - dice
sagte (er, sie, es) - dicho / (er, sie, es) hat gesagt - ha dijo
sammeln - recoger
sanft - suavemente
Satz - frase
Sätze - frases
sauber - limpie
Sauberkeit - limpieza
schade - pena
Schamane - chamán
Schatz - cariño
Schauder - escalofrío
schaut an (er, sie, es) - mira; (er, sie, es) starrt - mira fijamente
scheint (er, sie, es) - brilla
schenken - dar
Schere - tijeras
schimpft (er, sie, es) - regaña
schlafen - dormir
schlafend - durmiendo
schläfrig - somnoliento
schläft (er, sie, es) - duerme, dormido
schlägt vor (er, sie, es) - sugiere
schlecht - mal
schließen - cerrar
schließlich - finalmente
schmutzig - sucia/o
schneiend - nevando
schnell - rápidamente
schnurrend - ronroneando
schön - bonito
schon - ya
Schönheit - belleza
Schränke - alacenas
schrecklich - terrible
schreibt (er, sie, es) - escribe
schreien - gritar
schreiend - gritando
schreit (er, sie, es) - grita
Schriftsteller - escritor

schroff - duramente
Schublade - cajón
schüchtern - tímido, tímidamente
Schuhe - zapatos
Schuld - culpa
schuldig - culpable
Schule - colegio
Schulfreund - compañero de colegio
Schurke - bribón
schüttelt (er, sie, es) - sacude
schwarz - negro
Schweif - rabo
schwer - pesado
schwer, hart, fest - duro
Schwester - hermana
Schwester, Schwesterherz - hermanita
schwierig - difíciles
Schwimmbad - piscina
schwimmen - nadar
sechs - seis
Seele - alma
sehen, schauen, beobachten - observar
sehend - mirando
Sehenswürdigkeiten - lugares de interés
sehr - muy
sehr genau - meticuloso
Seil - cuerda
sein - ser/estar, siendo
sein, ihr, ihre - su
seit - desde
Seite - lado
Sekretär/in, der/die - secretaria
selten - raras veces, raramente, raro
seltsam - extraño, extrañamente
senden - enviarle
Service - servicio
setzen, legen, stellen - poner
setzt sich (er, sie, es) - se sienta
seufzt (er, sie, es) - suspira
sich - se
sich erinnern - acordarse
sich selbst - a sí mismo
sich sorgen - preocuparse
sich treffen - encontrarse
sich vertraut machen - familiarizarse
sich vordrängeln - colándose
sich, sie - ella

sicher - seguras
sie - ellos
sie beweisen (Plural) - prueban
sie binden (Plural) - atan
sie bleiben (Plural) - se quedan
sie blühen (Plural) - florecen
sie erwarteten (Plural) - esperaban
sie erwarteten nicht - no se esperaban
sie gehen vorbei (Plural) - pasan
Sie haben (er, sie, es) hat - tiene
sie hängen (Plural) - cuelgan
sie kommen an (Plural) - llegan
sie kosten (Plural) - cuestan
sie lieben, sie mögen (Plural) - gustan
sie machen Spaß (Plural) - bromean
sie rufen (Plural) - llaman
sie rufen an (Plural) - telefonean
sie sammeln (Plural) - recogen
sie selbst - ellos mismos
sie singen (Plural) - cantan
sie sperren ein (Plural) - encierran
sie sprechen (Plural) - hablan
sie stiegen (Plural) - pisaban
sie tragen (Plural) - llevan
sie trinken (Plural) - beben
sie vergehen (Plural) - transcurren
sie werfen weg (Plural) - tiran
sie zerstören (Plural) - rompen
sie, ihnen - ellos
sie, ihr - la
siebzig - setenta
siegt (er, sie, es) - triunfa
sieht (er, sie, es) - ve
sind - son
sind nicht - no están
singend - cantando
Situation - situación
Sitzplatz - asiento
sitzt - sentado
Skulptur - escultura
Snack - aperitivo
sodass - así que
Sofa - sofá
sofort - inmediatamente
sogar - incluso
Sohn - hijo
solch - esa

sollte - debería
Sommer - verano
Sonne - sol
sonnenbaden - tomar el sol
Sonntag - domingo
Spanisch - español
Sparta - Esparta
spät - tarde
später - más tarde, después
Spaziergang - paseo
Speisekarte - carta
Spenden, Wohltätigkeit - beneficiencia
Spezialität - especialidad
Spiegel - espejo
Spiel - juego
spielen - jugar
spielt (er, sie, es) - juega, jugando
Spielzeuge - juguetes
spießt - pincha
Spital, Krankenhaus - hospital
Spitzname - mote
Sprache - lengua
sprechen, reden - hablar
sprechend - hablando
spricht (er, sie, es) - habla
spricht an - se dirige
springt (er, sie, es) - salta
spritzt (er, sie, es) - salpica
Stadt - ciudad
Stadt, Dorf - pueblo
Stapel - montón
stark - fuertemente, fuerte
startet (er, sie, es) - empieza
statt - en vez de
Staub - polvo
Steckdose - enchufe
Stecker - clavija
steckt hinein (er, sie, es) - mete
steichelnd - acariciando
stellend - poniendo
stellt ein (er, sie, es) - contrata
stellt vor (er, sie, es) - presenta
stellvertretender - adjunto
Stiegen, Treppen - escaleras
Stil - estilo
still - en silencio
Stimme - voz

Stimmung - humor
Stimmung (hier), Geist - espíritu
Stirnrunzeln - ceño
stolz - orgullosamente, orgullosa
Straße - carretera, calle
Straßenbahn - tranvía
Strauß - ramillete
Streich - broma
Streit - disputa
streng - estricto, estrictamente
streunend - sin hogar
Student/Studentin - estudiante
Studentenwohnheim - residencia
Studien - estudios
studieren - estudiar
Stuhl - silla
Stunden - horas
Supermarkt - supermercado
Suppe - sopa
Süßigkeiten - dulces
Symbol - símbolo
Szene - escena
Tablet - tablet
Tag - día
Tage - días
Tagesanbruch - amanecer
Talent - talento
Tante - tía
tapfer - valiente
Tasche - bolsa
tat (er, sie, es) - hice
Tatsache, gemacht - hecho
Taxi - taxi
Tee - té
teilnehmen - asistir
Teller - plato
Temperament - humor
Teppich - alfombra
Test - prueba, examen
teuer - caro
Text - texto
Thema - tema
Ticket - billete
tief - profundo
Tier - animal
Tisch - pupitre, mesa
Tochter - hija

toll - impresionante
Tomate - tomate
Ton - tono
Tor - verja
Torte - tarta
töten - matarlo
Tourniquet, Drehkreuz - torniquete
Traditionen - tradiciones
tragen - llevando
trägt (er, sie, es) - lleva
trainiert - entrenado
Traum - sueño
träumend - soñando
traurig - tristemente, triste
trinken - beber
Trinkschale, Tasse - taza
trinkt (er, sie, es) - bebe
trotzdem - sin embargo
tschüß - adiós
Tube - tubo
tüchtig - competente
Tulpen - tulipanes
Tunnel - túnel
Tür - puerta
Türen - puertas
Türglocke, Klingel - timbre de la puerta
Twitter - Twitter
U-Bahn - metro
über - sobre
übereinstimmt - coincide
überholt - adelanta
überprüfen - examinar, comprobar
überrascht - sorprendido
Überraschung - sorpresa
Überschwemmung - inundación
übersetzen - traducir
Übersetzung - traducción
überwachend - supervisora
überzeugend - convincente
überzeugt (er, sie, es) - convence
Übung - ejercicio
umarmt (er, sie, es) - abraza
Umgebung - ambiente
Umstände - circunstancias
und - y
unerfreulich - desagradable
unerwartet - inesperadamente

ungewöhnlich - anormalmente
ungewöhnliche - inusuales
unglaublich - increíblemente
unglücklicherweise - desgraciadamente
Uniform - uniforme
Universität - universidad, facultad
unkorrigiert - sin revisar
unruhig - inquieto
unruhig, unbequem - incómoda
uns - nos
uns treffen - reunirnos
unsere - nuestro
unter - bajo
unterbricht (er, sie, es) - interrumpe
Unterlagen - documentos
Unterricht - clase
unterrichtet (er, sie, es) - enseña
Unterrichtsfach - asignatura
unterste - de más abajo
Unverschämtheit - descaro
unverständlich - incomprensible
unzivilisiert - incivilizado
unzufrieden - con descontento
Urlaub - vacaciones
Vater – padre; Papa - papi
verängstigt - asustada
Verbindung - conexión
verbringen - pasar
verbringt (er, sie, es) - pasa
verdienen - ganar
verdient - mereció
verfasst (er, sie, es) - compone
vergaß (er, sie, es) - olvidé
vergeben - perdonado
vergessen - olvidado
vergeuden - perder
vergibt (er, sie, es) - perdona
vergisst - se olvida
Vergnügen - placer
vergnügt - alegremente
verhält sich (er, sie, es) - se comporta
verheiratet - casado
verjagen (hier), entfernen, beiseite legen - aparta
verkaufen - vender
Verkäufer - vendedor
Verkäuferin - vendedora

verkauft (Plural) - vendidos
Verkehrsmittel - transporte
verlaufen - perdido
verlegen, verschämt (Plural) - avergonzados
verliebt sich (er, sie, es) - enamora
verlieren - perder
verließen - se marcharon
verlockend - apetitoso
Verlust - pérdida
vermisst - echa de menos
Vermittlung - emisores
vermutlich - supuesto
vernünftig - sensatas
verpflichtend - obligatorio
verschiedene - varios
verschmitzt - astuto
verschmitzt, erschlichen - astutamente
versehentlich - accidentalmente
verstand (er, sie, es) - comprendió
Verstand - sentido, intelecto
verständlich, leicht - fácil
versteht (er, sie, es) - comprende
verstimmt; wütend - disgustado
versuchen - intentar
versuchend - intentando
versucht (er, sie, es) - intenta
Verwandte - familiar
verwechselt (hier), vermischt - mezclado
verweigert (er, sie, es) - rechaza
verwendet - usando
verwirrt - confundida
Verwirrung - confusión
verzweifelt - desesperado
viel - mucho (mucho distancia - weit)
vielleicht - quizás
vier - cuatro
vierte - cuarto
vierzig - cuarenta
Vögel - pájaros
voll - lleno
von - de
von einem Scharfrichter - de un ejecutor
von nahem - de cerca
vor - delante
vor kurzem - recientemente
vorbeischauen, besuchen, besichtigen - visitar
vorbereitete - preparando

vorgeschrieben (hier), nötig, notwendig - necesario
Vorhalle - vestíbulo
Vorsicht - precaución
vorübergehend - temporal
wächst (er, sie, es) - crece
wacht auf (er, sie, es) - despierta
Wächter - guarda
wählt (er, sie, es) - elige, marca
wahr - cierto
während - mientras, durante
Wahrheit - verdad
wahrscheinlich - probablemente
Wald - bosque
wann - cuándo
war - era
war nicht (er, sie, es) - no era
wartet (er, sie, es) - espera
warum - por qué
was - qué
wäscht sich (er, sie, es) - se lava
Wasser - agua
Wasserhahn - grifo
weg - aparta
weg, verschwunden - desaparecido
weggehen - marcharse
wegnehmen, entfernen - quitar
weh tun - lastimar
Weihnachten - Navidad
weil - porque
weinen - llorar
weiseste - más inteligente
weiß (er, sie, es) - sabe, blanco
weit - lejos
weiter, mehr - más
weitermachen - continúa
welche - que
wenige - pocos
wenn; falls - si
wer - quién
wertvoll (Plural) - valiosas
Wetter - tiempo
wichtig - importante
wie - cómo, cuando
wiederbeleben - revivirla
wiederholt (er, sie, es) - repite
wild - furiosamente

Wille - voluntad
wir - nosotros
wir gingen - fuimos
wir machten - hicimos
wird ohnmächtig - se desmaya
wird sichtbar - aparece
wirklich - realmente, auténtica
Wissen - conocimiento
wissen - saber
wissend - conociendo
wo - donde
Woche - semana
Wochenende - fin de semana
Wohnung - apartamento
Wohnzimmer - sala de estar
Wort - palabra
wunderbar - maravilloso
wundert sich (er, sie, es) - se pregunta
würde lassen - dejaría
würde lösen (er, sie, es) - resolvería
Wurst - salchicha
wusste (er, sie, es) - supe
Wut - ira
wütend - furioso, enfadada, rabiosamente
Zahn - diente
Zahnarzt - dentista
Zahnschmerzen - dolor de muelas
Zaun - valla
zehn - diez
zehnten - décimo
zeigt (er, sie, es) - muestra, señala
Zeit - hora
Zeitraum - período
Zeitschriften - revistas
Zeitung - periódico
Zentimeter - centímetros
Zentrum - centro
Zerbrechlichkeit - fragilidad
zerriss (er, sie, es) - rompió
Zeus - Zeus
zieht (er, sie, es) - tira
ziemlich - bastante
Zigarette - cigarrillo
Zimmer - habitación
zögerlich - dubitativamente
zu, nach - hacia
zudem - además

zufällig - al azar
zufrieden - con satisfacción, satisfecho
Zug - tren
zuhörend - escuchando
zurück - atrás
zusammen - juntos

Zustelldienst - mensajero
zwanzig - veinte
Zweckmäßigkeit - conveniencia
zwei - dos
zweifelt (er, sie, es) - duda
zweite - segundo

Buchtipps

Das Erste Spanische Lesebuch für Anfänger Band 1
Zweisprachig mit Spanisch-deutscher Übersetzung
Stufen A1 A2

Das Buch enthält einen Kurs für Anfänger und fortgeschrittene Anfänger, wobei die Texte auf Deutsch und auf Spanisch nebeneinanderstehen. Die Motivation des Schülers wird durch lustige Alltagsgeschichten über das Kennenlernen neuer Freunde, Studieren, die Arbeitssuche, das Arbeiten etc. aufrechterhalten. Die dabei verwendete Methode basiert auf der natürlichen menschlichen Gabe, sich Wörter zu merken, die immer wieder und systematisch im Text auftauchen. Sätze werden stets aus den im vorherigen Kapitel erklärten Wörtern gebildet. Das zweite und die folgenden Kapitel des Anfängerkurses haben nur jeweils etwa 30 neue Wörter. Die Audiodateien sind auf www.lppbooks.com/Spanish/index_de.html inklusive erhältlich.

Das Erste Spanische Lesebuch für Anfänger Band 2
Zweisprachig mit Spanisch-deutscher Übersetzung
Stufe A2

Dieses Buch ist Band 2 des Ersten Spanischen Lesebuches für Anfänger. Das Buch enthält einen Kurs für Anfänger und fortgeschrittene Anfänger, wobei die Texte auf Spanisch und auf Deutsch nebeneinanderstehen. Die dabei verwendete Methode basiert auf der natürlichen menschlichen Gabe, sich Wörter zu merken, die immer wieder und systematisch im Text auftauchen. Sätze werden stets aus den im vorherigen Kapitel erklärten Wörtern gebildet. Die Audiodateien sind auf www.lppbooks.com/Spanish/index_de.html inklusive erhältlich.

Das Erste Spanische Lesebuch für Anfänger Band 3
Zweisprachig mit Spanisch-deutscher Übersetzung
Stufe A2

Dieses Buch ist Band 3 des Ersten Spanischen Lesebuches für Anfänger. Das Buch enthält einen Kurs für Anfänger und fortgeschrittene Anfänger, wobei die Texte auf Deutsch und auf Spanisch nebeneinanderstehen. Die dabei verwendete Methode basiert auf der natürlichen menschlichen Gabe, sich Wörter zu merken, die immer wieder und systematisch im Text auftauchen. Sätze werden stets aus den im vorherigen Kapitel erklärten Wörtern gebildet. Die Audiodateien sind auf www.lppbooks.com/Spanish/index_de.html inklusive erhältlich.

Das Zweite Spanische Lesebuch
Zweisprachig mit Spanisch-deutscher Übersetzung
Stufen A2 B1

Das Zweite Spanische Lesebuch ist ein zweisprachiges Buch für die Stufen A2 und B1. Dieses Buch ist bestens für Sie geeignet, wenn Sie bereits Erfahrung mit der spanischen Sprache haben. Das Buch ist nach der sogenannten ALARM-Methode aufgebaut. Neue Worte werden im Buch von Zeit zu Zeit wiederholt, dadurch können Sie sich leichter an sie erinnern. Ein Privatdetektiv ist hinter der Frau her, die er liebt. Ehemaliger Luftwaffenpilot, er entdeckt einige Seiten in der menschlichen Natur, mit denen er nicht zurechtkommen kann. Die Audiodateien sind auf www.lppbooks.com/Spanish/index_de.html inklusive erhältlich.

Fremde Wasser
Zweisprachig mit Spanisch-deutscher Übersetzung
Stufe B2

Mitgründer eines Zwei-Mann-Unternehmens zu sein hat seine Vor- und Nachteile. Das kalte Wasser der Selbsttätigkeit ist aber nicht für jedermann geeignet. Die Audiodateien sind auf www.lppbooks.com/Spanish/BusinessSE/ inklusive erhältlich.

Ängste und Hoffnungen von Thomas
Ausgewählte Spanische Kurzgeschichten
Zweisprachig mit Spanisch-deutscher Übersetzung

Thomas war zu seines Vaters Beerdigung nach Georgia heimgekehrt. Er wurde informiert, dass er das ganze Vermögen bekommen würde, denn er war ein Einzelkind. Da passierten einige Ereignisse, die ihm eine Furcht einjagten. Die Audiodateien sind auf www.lppbooks.com/Spanish/Thomas_audio/ inklusive erhältlich.

Schatten der Vergangenheit
Stufe B2
Zweisprachig mit Spanisch-deutscher Übersetzung

Die forensische Wissenschaft war eine von Damien Morins Leidenschaften. Inzwischen betraf das erste wirkliche Verbrechen, dass er untersuchte, seine eigene Vergangenheit. Die Audiodateien sind auf www.lppbooks.com/Spanish/Lopez/ inklusive erhältlich.

www.ingramcontent.com/pod-product-compliance
Lightning Source LLC
Chambersburg PA
CBHW080344170426
43194CB00014B/2683